「ありのままの自分」で働ける環境を目指して

職場のLGBT読本

レズビアン　ゲイ　バイセクシュアル　トランスジェンダー

柳沢正和
村木真紀
後藤純一

実務教育出版

日本でも10年以上前からLGBTイベントなどで同性結婚式が行われています。写真は名古屋で開催されたNLGR+2012（p72参照）のフィナーレ。　　撮影：後藤純一

2015年3月31日、東京都渋谷区で同性パートナーシップを「結婚」に相当すると認め、証明書を発行する条例が成立。歴史が1歩、動きました。　　Ⓒ共同通信社／amanaimages

東京レインボープライドは、著名人なども登場する華やかな祝祭。孤立感を覚えがちなLGBTも「独りじゃないんだ」と勇気づけられます。
（写真は2014年。中央は夏木マリさん）　　　　　　　　　　　　　撮影：後藤純一

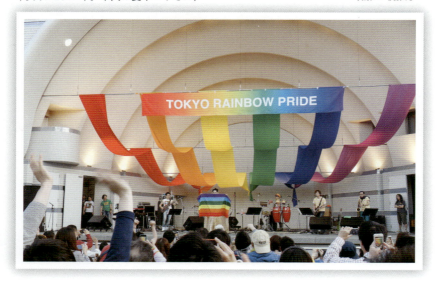

東京レインボープライド2014に出展されたHIV/AIDSに関するメッセージのフロート。首相夫人安倍昭恵さん（いちばん右）の登場がニュースになりました。　撮影：後藤純一

日本で初めて巨大なフロートを出したり、バルーンリリースを行ったり、市長が会場に来てスピーチを行ったりという数々の感動を与えてくれたレインボーマーチ札幌。
（2006年、10周年の様子）　　　　　　　　　　　　　　　　　　　　　撮影：後藤純一

2010年の初開催時、新宿二丁目の夜空に花火を打ち上げ、多くの人たちを号泣させたレインボー祭り。毎年開催されているコミュニティのお祭りです。
　　　　　　　　　　　　　　　　　　　　　　　　　　　　　　　　　撮影：後藤純一

『エレンの部屋』などで知られるタレントのエレン・デジェネレス（右）と、俳優のポーシャ・デ・ロッシ（左）。2008年に結婚しています。　　©Hubert Boesl/dpa/Corbis/amanaimages

エルトン・ジョン（右）とパートナーのデヴィッド・ファーニッシュ（左）。2人は2014年、イギリスで正式に結婚した初のゲイのセレブカップルとなりました。

©WENN/amanaimages

バイセクシュアルとして知られる俳優のアンジェリーナ・ジョリー。

©Sipa Press/amanaimages

『マトリックス』の監督のひとりとして知られるトランスジェンダーのラナ・ウォシャウスキー。

©Gregg DeGuide/WireImage/Getty Images

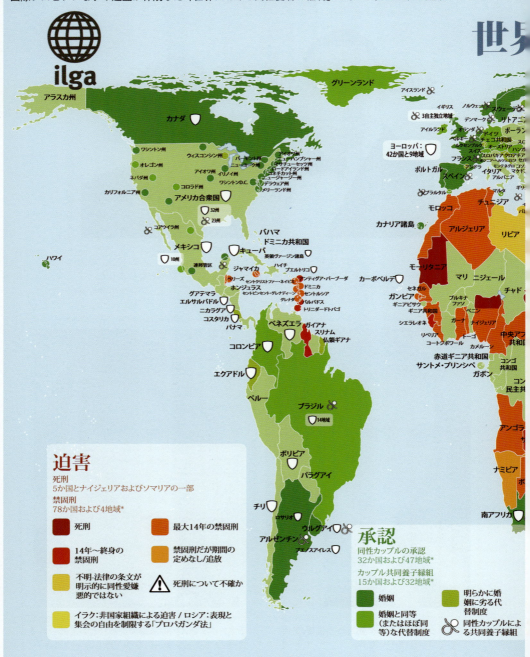

世界における同性愛者の権利
同性愛者の人権の視点から見た世界

2014年5月
www.ilga.org

保護
差別禁止法
70か国および84地域*

性的指向を理由とした差別を禁止する法律を整備している国

特定の法律なし

*これらの法律は、レズビアン、ゲイ男性、バイセクシュアルや、同性間行為あるいは同性間の関係にある人々を対象としたものです。トランスジェンダーやインターセックスの人々に適用されることもあります。本世界地図（2014年5月版）作成にあたっては、レナート・サバディーニ（ILGA）がコーディネート、榎エドアルド がデザインを担当しました。本地図中のデータは、ILGA報告書「国家によるホモフォビア：法律に関する国際調査 刑罰、保護、同性愛の承認 2014」（ジンシュ・ズー、ルーカス・パオリ・イタボラティ）に基づくものです。報告書はwww.ilga.orgでさまざまな言語でご覧いただけます。この場を借りて、ILGAより、2014年版本地図の作成に関わったすべての団体と翻訳にあたったGayJapan Newsに謝辞を表します。

『事業主・人事・法務のための職場におけるLGBT対応ワークブック』（虹色ダイバーシティ発行）より転載。

野村證券が毎年、大手町と日本橋の社員食堂で開催している「LGBTウィーク」の「アライになろう‼」パンフレットと虹色コーン。

写真提供：野村證券

大阪市淀川区の「淀川区LGBT支援事業」で作成されたステッカー。

提供：大阪市淀川区

虹色ダイバーシティ（p81参照）で配布しているステッカー。

職場のLGBT読本

まえがき

LGBTを知っていますか？

　最近、「LGBT」という少し前までは聞き慣れなかった言葉をよく聞くようになったと思いませんか？　LGBTは、Lesbian（レズビアン）、Gay（ゲイ）、Bisexual（バイセクシュアル）、Transgender（トランスジェンダー）の頭文字をとった、性的マイノリティ（少数者）を表す総称です。ここ数年で日本でも、メディアや公的機関などで使われはじめました。欧米ではアーティストからスポーツ選手、企業経営者や政治家に至るまでさまざまな職業の方が、カミングアウト（LGBTであることを公にする行為）をする例が増えています。みなさんもオリンピックで水泳の金メダルをとったイアン・ソープ選手や、アップルCEOのティム・クック、そして2015年にグラミー賞を獲得したサム・スミスなどのカミングアウトのニュースをご覧になられたかもしれません。また最近では同性婚や同性カップル向けパートナー制度などが世界中で広がっており、徐々にLGBTが市民権を得る存在になってきていると言ってもいいかもしれません。

日本でのLGBT事情は？

　さて日本ではどうでしょう？　マツコ・デラックスをはじめ、いわゆる「オネエタレント」をテレビで見ることが多くなりました。ただ、女装をするゲイは、ゲイのなかの本当に一部。ほとんどのLGBTが差別や偏見を恐れて、職場や地域では自分がLGBTであることを隠している状況です。

　調査によると人口の5％〜7％強（電通総研2012年、2015年）はLGBTだといわれます。13人〜20人に1人です。日本の苗字で多い「佐藤」「鈴木」「高橋」「田中」さんは、合計600万人いるといわれていますが、LGBTの推定人口はその数に匹敵する規模というわけです。もし、みなさんの周りに「佐藤」「鈴木」「高橋」「田中」さんがいれば、同じぐらいの確率でLGBTの友人、同僚、顧客、そして家族がいる可能性があるのです。

そんななか、日本でもいよいよ制度的な取り組みがはじまりました。東京都渋谷区のパートナーシップ証明書や、LGBTの超党派議連の発足などは、今まさにこの問題が日本でも取り上げられるようになった証と言えます。

企業の取り組み

　企業レベルでも、LGBTは特別ではない存在だと意識を変えて、動き出す企業が欧米を中心に急速に増えています。会社内のLGBTがいきいきと、自分らしく働ける環境をつくることは、優秀な人材の確保を図りたい企業にとって死活問題となってきました。

　米国ではHuman Rights Campaignという団体（http://www.hrc.org/）が行っている、LGBTを平等に扱う社会の実現という観点から、毎年各企業の取り組みを点数化して公表する試みがあり、企業と就業者が大きく注目するようになりました。

　また消費者グループとしてのLGBTに注目する企業も増えています。新しいマーケットとしてLGBTの嗜好を分析し、顧客のニーズに応えようという企業も現れはじめました。LGBTを好意的に描写した写真やイラストを利用した広告の出稿や、不動産や保険など専用の商品やサービスの提供が始まっています。またLGBTフレンドリーであることを前面に出して、リベラルなイメージをLGBT以外に訴えるアライ（"支持者"の意味）の消費にも注目が集まっています。

　逆にこうした流れに対応できない企業がメディアなどで批判を受けるようになりました。Human Rights Campaignの得点が低い企業の不買運動や、同性カップルでは結婚できない設定のゲームソフトを製造する企業への批判が出て、公に謝罪するなどの動きです。

（参考　Human Rights Campaign Buyers Guide http://www.hrc.org/apps/buyersguide/#.VOvIcZ2Cjcs）
（参考　任天堂ゲームに不満の声、同性婚の設定なく　http://www.cnn.co.jp/tech/35047643.html）

　こうしたなか、日本でもLGBTと企業の問題に関して、いよいよ動きが出てきました。2012年、日本IBM株式会社が国内での取り組みを活性化するために、国際NGOヒューマン・ライツ・ウォッチおよび日本の認定NPO法人

グッド・エイジング・エールズ（※）と共同で、企業の経営者や人事担当者向けに「work with pride」というイベントを企画しました。翌年からは特定非営利活動法人虹色ダイバーシティも加わり、2013年はソニー株式会社、2014年はパナソニック株式会社主催で開催されました。参加者は2012年の50名から、翌年は130名、2014年は250名と大幅に増え、関心の高まりを示しています。私（柳沢）は初年度から企画にかかわり、初めは恐る恐る各企業に招待状を送っていましたが、今では企業のほうから今年の開催日を聞かれるようになりました。

行政の取り組み

また行政も取り組みをスタートさせています。大阪市では淀川区が「淀川区LGBT支援宣言」を行い、区役所をあげてLGBTにやさしい区になるべく勉強会を開いています。また、先に述べたように、2015年には東京都渋谷区で多様性推進の一環として、同性のパートナーにパートナーシップ証明書を発行するという条例が制定されています。この条例では同性カップルが証明書をもっている場合、「結婚に相当する」として、区内の事業者に差別のないサービス提供を求めるとしています。日本でもいよいよ具体的な取り組みをする段階になってきました。

本書の構成

本書は、以上に述べたような活動のなかから、LGBTと職場の問題を広く知っていただき、解決策を提示するために書かれました。本書は以下のような構成となっています。

第1章　LGBTについて理解を深めよう
第2章　LGBT当事者アンケートで見る職場環境の現状
第3章　LGBTが職場で抱える10の課題
第4章　先進的な企業の取り組み事例10選
第5章　職場環境整備における10のポイント
第6章　当事者やアライが語る自分らしく働ける社会

まず第1章、第2章でLGBTに関する一般的な情報を提供し、第3章で、LGBTが働く上で抱えている具体的な問題を解説します。第4章、第5章では企業が取り組めることを解説し、第6章で企業、そしてLGBT当事者の従業員双方の具体的な声を紹介します。

　この本に取り組むきっかけになった「work with pride」というイベントに参加した企業からは、2020年の東京オリンピック・パラリンピック開催へ向けて、この問題に段階的に取り組もうという声が出はじめました。

　オリンピック憲章では、差別禁止規定のなかで、性的指向による差別の禁止を明示しており、オリンピックのスポンサーや政府調達にかかわる企業はなんらかの取り組みを求められそうです。本書がそうした企業の人事政策にとっての一助になることを願っています。

　私（柳沢）自身、金融業界に身を置き、社内でLGBTという言葉をまったく聞かなかった時代から大きく会社が変わり、パートナー向けの福利厚生を議論するような時代になったことに感銘を受けています。自分たちのセクシュアリティ（性のあり方）に正面から向き合ってくれる今の会社に対するロイヤリティ（忠誠心）は以前より確実に高まりました。1人でも多くの人が、LGBTであることを隠さず、ストレスなく働ける、そんな時代になることを願い、本書を手にとっていただいたすべての方に感謝いたします。

執筆者を代表して　　柳沢正和

※──認定NPO法人グッド・エイジング・エールズは、2010年4月4日に設立以来、「LGBTと、いろんな人と、いっしょに」を合言葉に、セクシュアリティを越えてすべての人が、自分らしく素敵に歳を重ねていける社会づくりを応援しています。主な活動内容は、企業やNPO・NGOとの積極的なコラボレーションを通したLGBTフレンドリーな「場づくり」で、そのフィールドはワークショップ、シンポジウム、ランニングイベントから、カフェ、シェアハウス、コミュニティスペースまで多岐にわたります。メンバー全員が普段は別の仕事をしながらプロボノで参加しているのが特徴で、2014年10月1日に東京都より認定NPO法人としての資格を取得しました。詳しい活動についてはこちらのURLを参照ください。http://goodagingyells.net/

職場のLGBT読本

CONTENTS

まえがき ……………………………………………………………………… 011

第1章　LGBTについて理解を深めよう

01 LGBTとは？ ……………………………………………………… 022
- 1-1. 性のキホン ……… 022
- 1-2. LはLesbian（レズビアン）のL ……… 025
- 1-3. GはGay（ゲイ）のG ……… 027
- 1-4. BはBisexual（バイセクシュアル）のB ……… 029
- 1-5. TはTransgender（トランスジェンダー）のT ……… 030
- 1-6. LGBT以外の性的マイノリティ ……… 032
- 1-7. あなたは「ノーマル」ですか？ ……… 034
- 1-8. LGBT？　性的マイノリティ？ ……… 035

02 LGBTが直面しがちな困難と苦悩 …………………………… 037
- 2-1. 同性愛や異性装は変態？ ……… 037
- 2-2. 一時の気の迷いなんじゃない？ ……… 039
- 2-3. 「好き者」なんじゃない？ ……… 040
- 2-4. 性別変えちゃうの？ ……… 041

03 LGBT人口はどれくらい？ …………………………………… 043

04 人はなぜ同性愛者に生まれるのか …………………………… 046

05 LGBTはなぜ差別されるのか？ ……………………………… 050
- 5-1. 同性愛嫌悪（ホモフォビア）とは？ ……… 050
- 5-2. 強制的異性愛（ヘテロセクシズム）……… 053
- 5-3. LGBTを差別する社会のありよう ……… 055

06 国際的な基準はどうなっているのか ………………………… 056

07 同性愛者の社会的課題 ……………………………………… *059*

08 トランスジェンダーの社会的課題 …………………………… *061*

09 LGBTの世界史 ………………………………………………… *063*
    9-1. 古代ギリシアからルネサンス期 ……… *063*
    9-2. 近代から現代 ……… *064*
    9-3. 「ストーンウォール事件」 ……… *065*
    9-4. オープンリー・ゲイの議員が誕生 ……… *067*
    9-5. 同性婚の合法化 ……… *068*
    9-6. 初の「性転換」手術 ……… *068*
    9-7. 欧米以外の同性愛 ……… *069*

10 LGBTの日本史 ………………………………………………… *070*
    10-1. 「男色」大国だった日本 ……… *070*
    10-2. 明治以降〜現代 ……… *071*

11 同性愛の世界地図 ……………………………………………… *074*

第2章 LGBT当事者アンケートで見る職場環境の現状

01 LGBTの職場環境に関するアンケート調査2014 …………… *082*

02 求職時の困難 …………………………………………………… *086*

03 勤続意欲 ………………………………………………………… *088*

04 やりがい ………………………………………………………… *090*

05 人間関係 ………………………………………………………… *092*

06 差別的言動 ……………………………………………………… *094*

07 職場内の支援者 ………………………………………………… *096*

08 LGBT施策の実施 ……………………………………………… *098*

09	どのようなLGBT施策が望まれるか	100
10	職場でのカミングアウト	102
11	LGBT施策の有無とダイバーシティ意識浸透度の関係	104
12	ダイバーシティ意識浸透度と勤続意欲の関係	106
13	支援者（アライ）の有無とカミングアウトの関係	108
14	カミングアウトと勤続意欲の関係	110
15	差別的言動と勤続意欲の関係	112
16	望む性別で働けているかどうかと勤続意欲の関係	114
17	LGBT施策の効果を考える	116

第3章 LGBTが職場で抱える10の課題

01	LGBTと職場の人間関係	120
02	LGBTの相談窓口	124
03	LGBTと福利厚生	126
04	LGBTと社会保障	128
05	同性カップルの家族について	130
06	LGBTのキャリア設計	132
07	キャリアのロールモデルがいないという現状	134
08	LGBTの取引先や顧客との関係	136
09	トランスジェンダーに固有のこと	138
10	男女以外のカテゴリーがあるということ	140

第4章 先進的な企業の取り組み事例10選

01 さまざまな企業の取り組みを知ろう …… 144
- 日本アイ・ビー・エム株式会社 …… 146
- ゴールドマン・サックス証券株式会社 …… 147
- 野村證券株式会社 …… 148
- ソニー株式会社 …… 149
- 大阪ガス株式会社 …… 150
- 株式会社ラッシュジャパン …… 151
- 株式会社テイクアンドギヴ・ニーズ …… 152
- Gap（ギャップジャパン株式会社）…… 153
- Diverse（株式会社ダイバース）…… 155
- ホテルグランヴィア京都 …… 156

02 行政の取り組み …… 158
- 大阪市淀川区 …… 158
- 東京都中野区 …… 159
- 東京都渋谷区 …… 161

03 「work with pride 2014」レポート …… 163

第5章 職場環境整備における10のポイント

01 男女雇用機会均等法・セクハラ指針の改正によって、LGBT差別はセクハラとみなされることに …… 168
02 何がセクハラに該当するのか …… 169
03 企業はセクハラ防止やセクハラ対応をどうすべきか …… 172
04 LGBTがセクハラだと感じるセリフ集 …… 174
05 CSRの一環として …… 178
06 欧米の企業は「CORPORATE EQUALITY INDEX」

　　　　100点を目指す ································· *182*
07　100点の企業になるためには？ ················· *184*
08　人事におけるLGBT対応 ························· *186*
09　学習機会と接触機会をバランスよく ··············· *187*
10　準備すべきLGBTツールキット ··················· *189*
　　〔資料〕 ·· *190*
Column 1　「外国の話」ではない話　杉山文野 ················· *196*

第6章　当事者やアライが語る自分らしく働ける社会

Interview 1　FTMトランスジェンダーの司法書士、Kiraさん ············· *202*
Interview 2　外国人の同性パートナーと結婚し、出産もした有田さん ······· *209*
Interview 3　10年前からLGBT社内ネットワークを設立し、
　　　　　　　成果を挙げてきた外資系金融企業の取り組み ············· *216*
Interview 4　第1回「work with pride」を立ち上げたパイオニア、
　　　　　　　日本IBMの取り組み ···································· *224*
Interview 5　第2回「work with pride」に日系企業として初めて
　　　　　　　会場提供したソニーの取り組み ·························· *231*
Interview 6　第3回「work with pride」を手がけたオリンピックTOP
　　　　　　　スポンサーであるパナソニックの取り組み ················ *236*
Column 2　初めて東京ディズニーリゾートで同性結婚式を挙げたカップルの思い
　　　　　　──東小雪＆増原裕子 ·································· *240*

〔巻末付録〕LGBTの基礎用語 ································· *243*
あとがき ·· *259*
主な参考文献 ·· *263*

装幀◎吉村朋子
本文デザイン・DTP◎ムーブ（新田由起子、川野有佐）
本文イラスト◎SUV
４コママンガ◎ともさくら
編集協力◎（株）Stack-Up

第 1 章

LGBTについて
理解を深めよう

　第1章では、LGBTは日本にどれくらいいるのか？　なぜLGBTに生まれるのか？　どうして見えにくい存在なのか？　といった、LGBTについて多くの人が抱く疑問に答え、LGBTが「ありのままの自分」で働ける職場づくりの前提となる、基礎的な理解を深める事柄を解説します。あわせて、LGBT以外の性的マイノリティにも触れます。「性はグラデーションである」ということや性の多様性を感じていただきたいと思います。

LGBTとは？

01

　昨今、テレビや雑誌、オンラインメディアなどでも、性同一性障害や同性愛だけではなく、性的マイノリティやLGBTという言葉をよく見聞きするようになったかと思います。しかし、LGBTと言われても「何それ？　家電メーカーと関係ある？」というような感じでピンとこない方も多いことでしょう。

　L=Lesbian（レズビアン、女性同性愛者）、G=Gay（ゲイ、男性同性愛者）、B=Bisexual（バイセクシュアル、両性愛者）、T=Transgender（トランスジェンダー、無理に日本語訳を当てはめるなら「性別越境者」）。性的マイノリティ（のなかで代表的な4つ）の総称として欧米でLGBTという言葉が採用されるようになり、2005年頃から日本でも使われるようになってきました。

　第1章では、LGBT（をはじめとする性的マイノリティ）の基本的な事柄について述べていきます。なお、LGBT、性的マイノリティに該当しない非当事者（異性愛者）のことを「ストレート」と呼びます。厳密には非当事者＝ストレートとは言いきれないのですが、そのことについては後で詳述します。

1-1. 性のキホン

　人は生まれながらに男性か女性かのどちらかであり、男性は女性のことを好きになり、女性は男性のことを好きになるのが当たり前だと思っている方は、とても多いと思います。しかし、本当にそれは当たり前でしょうか？
多数ではあるかもしれませんが、決して「当たり前」でも「普通」でもないのです。なぜなら、男性でも女性でもあるような身体的特徴をもって生まれてくる人もいますし（性分化疾患、インターセックスなどと呼ばれます。た

だし、当事者のなかにはその呼称を好まない人もいます。2009年の世界陸上で優勝した南アフリカのキャスター・セメンヤ選手が有名です※1)、自身のことを男性でも女性でもないと感じている人もいますし、同性を好きになる人もたくさんいるからです。

1991年、伏見憲明氏が著書『プライベート・ゲイ・ライフ』(学陽書房刊) で初めて、性についての科学的な知見をわかりやすく世間に提示しました（メジャーなかたちで知らしめました）。性は主に身体上の性別、性自認、性的指向の3つの要素から成り、それらが複雑・多様に組み合わされているという、今ではジェンダー論の授業などでも展開されている考え方です。

性の3要素ということについてもう少し詳しくお伝えします。

・生物学的性（sex）

人は生まれたとき、医師によって男性か女性かに区別されます（おちんちんがついていれば男の子、という具合に）。しかし、ごくまれに、外性器が男性とも女性ともつかないかたちをしていたり、一見女性の身体に見えるけれども体内に精巣があったり、染色体がXX、XYではなくXXYである人などがいて、こうした人たちは性分化疾患と呼ばれます（欧米ではインターセックスと呼ばれてきましたが、最近はDSD〈Disorders of Sex Development＝性分化疾患〉という医学用語も用いられるようになってきています）。

・性自認（gender identity）

自身の性（gender、身体上の性別だけでなく社会的・文化的意味づけを含む性）を男性とみなすか女性とみなすか（あるいはどちらでもない、どちらでもある）、ということを性自認と言います。多くの人は身体上の性別と性自認が一致していますが、一致せず、身体上の性別に違和を覚える人を広

※1　キャスター・セメンヤ選手

　キャスター・セメンヤ選手は2009年8月、ベルリンで行われた第12回世界陸上女子800メートルで世界最高記録で優勝しましたが、驚異的な記録と筋肉質な体格、低い声などから「男性ではないか」と言われ、性別検査を受けることになりました。ところが、その結果が医師から本人に伝えられるより前にマスコミに漏れ、「セメンヤは両性具有だ」と世界中に報道され、本人はひどくショックを受け、一時は自殺予防センターに入所していました。この事件に対し、南アフリカ国民と政府は国際陸上競技連盟を非難していました。

　その後、南アフリカ陸上連盟（以下、南ア陸連）が、実はセメンヤ選手の性別について把握しており、大会前に性別検査を実施していたことが明らかになりました。さらに、セメンヤ選手にそれが性別検査だと伝えていなかったことも明らかになりました。そのため、南ア陸連に非難が殺到し、政府与党からも批判を受けました。

　同年11月、南ア陸連は、キャスター・セメンヤ選手とその両親、国民に対し、同選手の性別検査を実施した経緯とその後の対応について公式に謝罪しました。そして、オリンピック委員会は、南ア陸連の会長や理事を資格停止処分にすると発表しました。また、南アフリカのスポーツ省は、セメンヤ選手の金メダルが保持され、性別検査の結果は公表されないと発表しました。セメンヤ選手の弁護士、南ア政府、国際陸上競技連盟の3者がこの件で協議し、「完全合意」に達しました。「キャスターはいかなる不正も犯していないことが判明したので、金メダル、世界陸上800メートルでのタイトル、ならびに賞金を保持することになる」。また、3者は、報道によって世界中に知れ渡った性別の科学鑑定結果を機密事項として扱うことで合意しました。「科学鑑定が国際陸上競技連盟の規則にのっとって実施されたにせよ、結果は当事者間の機密事項として扱うことで合意した。従って検査結果が公表されることはない」。

　そして2010年7月、セメンヤ選手は晴れて、女性として競技に復帰することが認められました。彼女は「再び競技に戻ることに興奮している。私に対するすべての議論と闘っていきたい」と語っています。南ア陸連も「彼女が望む大会に出場できるように全力を尽くしてサポートする」とコメントしました。

©Joe Toth/BPI/Corbis/amanaimages

くトランスジェンダーと言います（なかには、特に性別違和がなくても性別を越境する人もいます。後述します）。継続的に性別違和を覚え、しばしば身体上の性別を自認する性別に適合させたいと望む人を医学的に性同一性障害と言います。

• 性的指向（sexual orientation）

日本語の漢字表記がよく「嗜好」と間違えられますが、「指向」です。性愛の対象（魅かれる性別）が男性なのか女性なのか両方（あるいはすべての人）なのか、ということです。多くの人は性的指向が異性に向きますが、人口の３％〜10％くらいの人は同性または両性に向くというデータがあります（p43で詳述）。同性を好きになる男性はゲイ、同性を好きになる女性はレズビアン、両性を好きになる人はバイセクシュアルと呼ばれます。性的指向がすべての人に向く人はパンセクシュアル、性的指向がない人はアセクシュアルなどと呼ばれます。

次に、LGBTの４つのそれぞれについて解説します。L（レズビアン）、G（ゲイ）、B（バイセクシュアル）は性的指向が非典型な人たち。T（トランスジェンダー）は性自認が非典型な人たちです。

1-2. LはLesbian（レズビアン）のL

学術系の文献、新聞、公的文書などでは、性的指向が同性に向く（同性を好きになる）人たちのことを「同性愛者」（ホモセクシュアルの訳語）と呼ぶ傾向にありますが、「同性愛者」「ホモセクシュアル」という言葉には、医学的・学術的な響きがあり、欧米の当事者も日本の当事者も「同性愛者」よりは「ゲイ」または「レズビアン」と自称することが多いです。

レズビアンは同性愛者のなかでも特に女性を指す言葉ですが、欧米では男女ともにGAYと言うことも多く、女性のほうもGAYと自称したりします（2013年にゴールデングローブ賞授賞式でジョディ・フォスターがカミングアウトした際も、GAYと言っていました）。なお、「レズ」という言い方は

男性向けポルノのジャンルのように感じる人も多いため、略さず「レズビアン」と言うようにしてください。

　レズビアンの語源はギリシアのレスボス島。紀元前7世紀ごろ（古代ギリシア時代）、レスボス島に住んでいた詩人のサッフォーが、少女の教育を担っていたと考えられる宗教的女性結社（女性たちのサロン）を営み、女神アフロディーテへの讚歌や官能的な恋愛の詩を多数つくっていたと言われており、19世紀にピエール・ルイスが発表した詩集『ビリティスの歌』（レズビアニズムの祖と言われる）がサッフォーと同時代の人物の著作だという設定になっていたことから、サッフォーがレズビアンの起源だとする神話性を高めました。

　レズビアンの人たちは、ゲイとはまた違った独自のシーン、カルチャーをもっています。2004年頃から放送された海外テレビドラマ『Lの世界』は、リアルなアメリカのレズビアンライフが描かれていると話題になりました。日本では、コミック『ハニー＆ハニー』（竹内左千子：著、メディアファクトリー刊、2006年）や、『レズビアン的結婚生活』（東小雪＋増原裕子：著、すぎやまえみこ：イラスト、イーストプレス刊、2014年）などにリアルなレズビアン・カップルが描かれました。

　レズビアンの著名人としては、『エレンの部屋』で有名なタレントのエレン・デジェネレス（口絵p4）、俳優のジョディ・フォスター（『羊たちの沈黙』『告発の行方』）、エレン・ペイジ（『X-MEN』シリーズ）、シンシア・ニクソン（『SEX and the CITY』）、ジェーン・リンチ（『glee』）、ロージー・オドネル（『プリティ・リーグ』）、ケリー・マクギリス（『トップガン』）、モデルのジェニー・シミズ、歌手のメリッサ・エスリッジ、k.d.ラング、ダイアナ・キング、シャリース、スタイリストのパトリシア・フィールド（『プラダを着た悪魔』『SEX and the CITY』）、写真家のアニー・リーボヴィッツ（ジョン・レノンとオノヨーコの最後の写真を撮ったことで有名）などがいます。日本でも歌手の笹野みちる、タレントの一ノ瀬文香、モデルのHiROMiらがカミングアウトしています。

1-3. GはGay（ゲイ）のG

　もともと「queer」「faggot」（変態、オカマという意味）と罵られていたゲイたちは、自分たちのことを肯定的に表現するために「陽気な」「派手な」という意味の「gay」を使うようになりました。これが世界的に広まり、標準化して、日本でも男性同性愛者の多くは自分たちのことを「ゲイ」と自称するようになっています。「ホモ」「オカマ」という言い方には侮蔑的なニュアンスがあるので、非当事者が「ホモ」「オカマ」と言うのは差別的だと思われることがあります。職場などの公的な場では「ゲイ」と言うようにしましょう。

　テレビの影響もあり、世間の多くの方たちは、ゲイと聞くと、お化粧したり女装したりする「オネエ」のイメージを思い浮かべることと思います。しかし、「オネエ」系のタレントさんは、プロとして演じているのであって、ほとんどのゲイは、見た目も中味も男性です。たしかに少し物腰がやわらかいところがあるとか、どこか女性的な面がある人もいますが、女性になりたいというわけではありません。

　自身を「同性愛者」だと考える（自分は同性が好きだというアイデンティティをもつ）人たちが現れた（「同性愛者」という概念が生まれた）のは近代になってからですが、男性同士の性愛の起源は、古代ギリシアやローマにまで遡ることができます。後述しますが、日本でも、平安貴族や僧侶、戦国武将の間でもごく当たり前に見られ、年長者が少年を寵愛するのは一種の社会制度ですらありました。

　欧米のゲイたちは、Camp（大げさだったりわざとらしい、けばけばしさを好む感覚）と呼ばれる独自のノリやカルチャーを生み出し、多くのアートやエンターテインメントに影響を与えてきました。ドラァグクイーン（派手な女装者）が代表的で、マドンナにフィーチャーされたダンスの一種「ヴォーグ」などもそうです。

ゲイの著名人は歴史上の人物を含め、膨大な数にのぼります。ゲイが近代以降の概念だとして19世紀以降の主な人物を挙げると、作曲家のチャイコフスキーやラヴェル、サン＝サーンス、プーランク、ファリャ、ブリテン、バーバー、コープランド、ジョン・ケージ、芸術プロデューサーのディアギレフ、作家のジャン・ジュネやマルセル・プルースト、E・M・フォースター、哲学者のヴィトゲンシュタイン、「コンピュータの父」アラン・チューリング、画家のフランシス・ベーコン、作家のトルーマン・カポーティ、テネシー・ウィリアムズ、詩人のアレン・ギンズバーグ、芸術家のアンディ・ウォーホルなどが有名です。

　現代の人物としては、政治家ではベルリン市長のクラウス・ヴォーヴェライト、前パリ市長のベルトラン・ドラノエ、スポーツ選手としては、イアン・ソープ（水泳）、ジョニー・ウィアー（フィギュアスケート）などが、ミュージシャンではエルトン・ジョン、ジョージ・マイケル、ボーイ・ジョージ、アダム・ランバート、フランク・オーシャン、サム・スミスなどが、俳優ではイアン・マッケラン、ジョージ・タケイ、ルパート・エヴェレット、ニール・パトリック・ハリス、マット・ボマー、ザカリー・クイントらが、映画監督ではブライアン・シンガー、ローランド・エメリッヒ、ガス・ヴァン・サントなどがいます。ファッション・デザイナーにいたっては、クリスチャン・ディオール、カール・ラガーフェルド、トム・フォード、カルバン・クライン、ジョン・ガリアーノ、ドメニコ・ドルチェ＆ステファノ・ガッバーナ、ジャン＝ポール・ゴルチエ、アレクサンダー・マックイーン、マーク・ジェイコブズなど、枚挙にいとまがありません。2014年、Appleのティム・クックCEOがゲイであることを公表したのも大きな話題となりました。

　日本では、美輪明宏、おすぎ、ピーコ、日出郎、假屋崎省吾、KABA.ちゃん、坂本ちゃん、前田健、IKKO、植松晃士、クリス松村、小椋ケンイチ（おぐねー）、楽しんごといった、みなさんご存じのタレントのほか、作家の伏見憲明、映画監督の橋口亮輔、元モデル＆歌手の櫻田宗久、政治家の石川大我（豊島区議）、石坂わたる（中野区議）らがカミングアウトしています。

1-4. BはBisexual（バイセクシュアル）のB

　バイセクシュアル（両性愛者）とは、男性も女性も好きになる人のことです。人口でいうと、ゲイ・レズビアンよりもバイセクシュアルのほうが多いようです（女性のほうが多い傾向にあります）。統計では異性愛ではないと答える人の半数以上がバイセクシュアルだと回答しています。

　バイセクシュアルの人は世間では「好き者」というイメージかもしれません（ゲイやレズビアンもそうかもしれません）が、それは違います。異性も同性も好きになるからといって、多くの人を好きになるというものでもないのです。

　バイセクシュアルの人は異性を好きになることもあるため、結婚して家庭をもち、ストレートとして生きていくのだろうと思われがちですが、そうとは限りません。日本でもカミングアウトしてLGBTの権利擁護運動に携わるバイセクシュアルの人は何人もいます。

　ちなみに、バイセクシュアルとは「男性も女性も（両性を）好きになる」という意味ですが、世の中のあらゆる人が対象になるという意味で、パンセクシュアル（全性愛）という立場をとる人もいます。

　バイセクシュアルの著名人もたくさんいます。古くは詩人のオスカー・ワイルドやホイットマン、作家のジャン・コクトーやトーマス・マン、アンドレ・ジッド、サマセット・モーム、ヴァージニア・ウルフ、アナイス・ニン、舞踏家のニジンスキー、作曲家のバーンスタイン、経済学者のケインズらが知られています。ミュージシャンがとても多く、デヴィッド・ボウイ、ピート・バーンズ（Dead or Alive）、マイケル・スタイプ（R.E.M.）、ブレット・アンダーソン（SUEDE）、マドンナ、デボラ・ハリー、ダスティ・スプリングフィールド、シネイド・オコナー、サマンサ・フォックス、メラニー・ブラウン（スパイス・ガールズ）、レディー・ガガ、ファーギー（Black Eyed Peas）、Ke$haらがバイセクシュアルであるとカミングアウトしています。

俳優では、アンジェリーナ・ジョリー、キャメロン・ディアス、アンナ・パキン、エヴァン・レイチェル・ウッド(『レスラー』)、ミシェル・ロドリゲス(『ワイルドスピード』)、ミーガン・フォックス(『トランスフォーマー』)らが、タレントではリンジー・ローハン、ティラ・テキーラらが、映画監督ではスティーブン・ダルドリー(『めぐりあう時間たち』)が知られています。日本では、檀蜜や鳥居みゆき、池畑慎之介(ピーター)、三善英史らがバイセクシュアルだとカミングアウトしています。

1-5. TはTransgender(トランスジェンダー)のT

　多くの人は性自認(自分のことを男性と思うか女性と思うか)が生物学的性(身体上の性別)と一致していますが、そうではない人もいます。身体上の性別に違和を覚える人をトランスジェンダーと言います。「性別越境者」などと訳されることもありますが、今のところ確定した日本語名はまだありません。なお、トランスジェンダー＝性同一性障害者ではありません。

　以下、大きく3つに分類して、説明します。

① 生まれつき自分の身体の性に違和感を覚え、第二次性徴の発現をとても苦しく感じ、できれば身体の性を変えたいと望む人たちがいます。現在では、医療機関に相談し、ホルモン療法や性別適合手術(※2)を受けるなどの要件を満たした上で、家庭裁判所に申し立てをして、戸籍上の性別を変更することができます。戸籍上の性別変更は2004年の性同一性障害特例法によって可能になりました。ただし、結婚していないこと、未成年の子がいないこと、などの厳しい要件が課されています。

② 自分の身体の性に違和感を覚えはするものの、治療は望まず、ときどき女装(男装)したりすることで性別への違和感を解消している人もいます。あるいは、社会生活上の諸事情により治療をあきらめたという人もいます。なかには、特に性別違和感がなくても、非典型な性別表現をする人もいます

（p252「性別表現」参照）。

③ 自分の身体の性に違和感を覚えはするものの、男性から女性へ／女性から男性へという性別移行ではなく、男性でも女性でもある（両性）、男性と女性の中間（中性）、男性でも女性でもない未知の性（無性）といったありようを望む人もいます。

　①のタイプの人（Transsexualとも言います）は、日本では性同一性障害者という呼び名で認知されています。性同一性障害とは医療行為を受けるために必要になる診断名であって、医療行為は必要だが病気でも障害でもないと考える人もいます（逆に、性別違和を治療すべき疾患と考えている当時者もいます。トランスジェンダーのなかの多様性にも十分な配慮が必要です）。そういう意味で、欧米ではトランスジェンダーの非病理化が進んでおり、フランスなどでは手術を受けなくてもパスポートなどの性別変更が可能になっています。また、2013年に発表されたアメリカ精神医学会のガイドライン「DSM-5」では、従来の性同一性障害（Gender Identity Disorder）が、精神疾患としての色調を薄めながら多様化を図った性別違和（Gender Dysphoria）に変更されました。

　②のタイプの人のなかには、ふだんは身体上の（戸籍上の）性別で暮らしていて週末などに女装（男装）で生活するという「パートタイム」の人もいれば、「フルタイム」で女装（男装）して生活している人もいます。

　③のタイプの人は、男性と女性の外見を行き来したり、中性的な服装だったり、既存の性の枠にとらわれない（自分らしく、また新しい）服装で過ごしたりします。「Xジェンダー」と呼ばれたりします。

　男性から女性への性別移行を望む人をMTF（Male To Female）と言います。女性から男性への性別移行を望む人をFTM（Female To Male）と言います。③のように性自認が男性でも女性でもない人（またはどちらでもある

人）については、MTX（Male To Xgender）、FTX（Female To Xgender）と言います。

　また、トランスジェンダーの人の性的指向も、トランスしない人たちと同様、ストレート、ゲイ、レズビアン、バイセクシュアルなど、さまざまです。男性から女性に性別移行して女性を好きになる人（またはその逆）もいますし、ストレートとして結婚したあとで男性から女性になった人（またはその逆）もいます。MTFとFTMのカップルもいます。

　トランスジェンダーの著名人としては、『マトリックス』の監督であるラナ・ウォシャウスキー（口絵 p5）、シェール＆ソニー・ボノの子どもであるチャズ・ボノ、タレントのアマンダ・ルポール、モデルのアンドレイ・ペジック、歌手のダナ・インターナショナルなどがいます。日本では世田谷区議の上川あや、活動家の杉山文野（p196参照）、歌手の中村中、タレントのはるな愛、モデルの椿姫彩菜や佐藤かよ、作家の藤野千夜、アーティストのピ〜ぴるといった人たちが知られています。

※2：世間ではよく「性転換手術」と言われますが（トランスジェンダーを訳して「性転換者」などという言い方も見受けられます）、当事者の性自認をもとに考えると、性別を「転換」するという意識ではなく、正しい性別を取り戻すという感覚であるため、性転換という言葉は嫌われる傾向にあります。「性別適合手術」「性別再指定手術」などが望ましい言い方です。

1-6. LGBT以外の性的マイノリティ

　LGBTという表記だけでなく、LGBTIとかLGBTIAQといった表記を見たことがある方もいらっしゃることでしょう。Iはインターセックスで、本章のはじめのほうでご紹介しました（p22参照）。A（アセクシュアル）とかQ（クィアまたはクエスチョニング）について、ここで説明しておきます。

■アセクシュアル

　男性だろうと女性だろうとそれ以外の人だろうと、他者に対して恒常的に恋愛感情や性的欲求を抱くことがない人。性的指向がないため、ゲイでもな

くストレートでもなく、アセクシュアルと呼ばれます。無性愛とも言います。

アセクシュアルもほかの性的マイノリティと同様、多くの場合、生まれつきのもので、性同一性障害者の支援をしてきたことで有名な精神科医の針間克己氏は「異性愛者が同性に興味をもたないように、無性愛もおそらくこのまま」と語っています。

アセクシャルの人のなかにも恋愛感情や性的欲求の程度の違いがあったり（性的なことに強く嫌悪感をもつ人もいれば、そうでもないという人もいる）、いろいろな人が存在しています。

■ **クエスチョニング**

自身のジェンダー（社会的性別）や性自認、性的指向を探している、迷い、揺れ動いている状態のこと。

多くの人は、思春期の性の目覚めの頃に、性的指向や性自認を確認しますが、自身の性的な意識に疑問をもったり、悩んだり、迷ったりする人も少なくありません。クエスチョニングの人が自分の性のあり方に確信をもち、LGBTのどれかに落ち着くこともありますが、クエスチョニングの状態のままでいる人もいます。

■ **クィア**

クィアはもともと「おかま」「変態」という意味の侮蔑語でしたが、それを逆手にとって、性的マイノリティの総称として用いられるようになった言葉です。日本でも関西クィア映画祭、アジアン・クィア映画祭などの名称に用いられています。

LGBTIQなどと言うときのQがクィアを意味する場合は、いわゆるLGBTの定義には当てはまらない性的マイノリティのことを指します。ストレートでありながらクラブでドラァグクイーンとしてパフォーマンスする人たちなども自身をクィアと名乗ることがあります（p247、254も参照）。

1-7.あなたは「ノーマル」ですか？

　これを読んでいる方の多くは、「男性に生まれ、自身を男性だと自認していて、女性が好きな人」または「女性に生まれ、自身を女性だと自認していて、男性が好きな人」だと思います。そういうあなたは、LGBTに対して「自分はノーマルだから」と言ってしまうことがありませんか？　その言い方は目の前のLGBTを「お前はアブノーマルだ」とけなしているように受け取られてしまう恐れがあります。たまたま性自認と身体上の性別が一致していてかつ異性が好きな人が多い社会ですが、どちらが正常／異常というものではないように思います。

　欧米では、「ホモセクシュアル」の対義語として、異性が好きな人のことを「ヘテロセクシュアル（異性愛者）」または（「GAY」の対義語として）「ストレート」と言います。日本では昔から、そのケがないという意味で「ノンケ」という言葉が新宿二丁目などで多用されてきました。

　また、「トランスジェンダーではない人」という意味の言葉としては「シスジェンダー」があります。性自認が身体上の性別と一致しているゲイやレズビアンの人も「シスジェンダー」です。

　たとえば、たまに女装することで癒しを得られるストレートの男性は以前からいましたし、最近では「メンズブラ」を着用する男性や「男の娘」などの「女装男子」もいます。そうした人は、性的違和は特にない（「シスジェンダー」である）としても、性別表現が非典型であるということで、LGBTの仲間なのかもしれません。

　また、40歳、50歳を過ぎてから、自身がストレートやシスジェンダーではないということに気づくような人もたくさんいます。今はまだ「ストレート」「シスジェンダー」だと思っていても、将来もそのままかどうかはわからないのです。性とは非常に奥深いものだと言えるのではないでしょうか。

1-8. LGBT？ 性的マイノリティ？

　さて、LGBTとはどんな人たちなのか、なんとなくイメージができたでしょうか。新聞などのマスメディアなどではもともと「性的少数者」「性的マイノリティ」という言い方がされてきましたが、LGBTのパレードをはじめとするコミュニティイベントでは「レインボー」とか「クィア」という言い方が用いられてきました。そして2005年前後から「LGBT」が普及してきました。性的マイノリティの総称をめぐっては、これまでさまざまな変遷がありました。

　「性的マイノリティ」（当事者の間では、セクシュアルマイノリティを略して「セクマイ」と言われたりもします）は、さまざまな人たちを包摂できる概念として現在でも多用されている、最もわかりやすい言葉です。しかし、当事者のなかには「マイノリティ」という言葉では少数であることが強調されてしまうとして、あまり快く思わない人もいます。

　1990年代、欧米の影響を受けて「クィア」という言葉（考え方）が広まりました。クィアはもともと「変態」とか「おかま」という意味の侮蔑語でしたが、それを逆手にとり、多様な性のあり方に言及する際の用語として、自己肯定的に使用されるようになりました。一言で言うと、「クィア」とは「普通じゃないこと」に価値を見出す態度のことです。

　2000年代に入ってから、さまざまな意味合いやニュアンスを徹底的に透明化した、価値中立的な言い方として「LGBT」が使われはじめました（欧米ではこうしたイニシャル言葉がとても多いですね。CEOなどもそうです）。活動家など、政治的な正しさ（Political Correctness＝PC）を重視する人たちは「LGBT」という呼称を好む傾向が強く、国連関係の資料などでももっぱら「LGBT」が用いられています。

　しかし、「LGBT」という言葉ではインターセックス（性分化疾患）、アセクシュアル（性欲がない人）、クエスチョニング（よくわからず、揺れている人）などが含まれていない、排除されているのではないか、という疑問を

もつ人も多いようです。そうした人たちを含めようとするとLGBTIAQ……といった具合にどんどん長くなっていきますし、すべてをもれなく言い表す（包摂する）ことは不可能なのでは？　という気がします。そういう意味で、「LGBTなどの性的マイノリティ」と言うようにしている人たちも多いのです。

　このように、性的マイノリティの総称問題はとても奥が深く、難しいものがあります。とりあえず現時点では「LGBT」がニュートラルで政治的に「正しい」言い方とされていますが、将来、より包括的な、誰もが納得するような言葉が生まれるかもしれません。

LGBTが直面しがちな
困難と苦悩

02

　ここまで、LGBTがどんな人を指すのか、主に言葉の面から基本的なことを述べてきました。

　ここでは、LGBTが生まれ育ち、社会的生活を送るなかで直面しがちな困難と苦悩（逆に言うと、世間の人たちが抱いていそうな偏見や差別）、その典型的なパターンについて説明します。

2-1. 同性愛や異性装は変態？

　ゲイやレズビアンである子どもが初めて自身の性的指向に気づいたり、トランスジェンダーが初めて身体の性に違和を覚えたとき、「自分は『変態』だと指をさされるような人間なのか」と悩むことが多々あります。学校でクラスメートにそうだと知られれば「あの子、変態よ」と噂されたり、友人にカミングアウトすれば「気持ち悪い」と言わんばかりの顔で見られたりするからです。それに、世の中には男女の恋愛を描いた小説やドラマがあふれる一方、同性同士でキスをしたり手をつないだり、男性が女装したりすることには、「過激」とか「禁断の」というレッテルが貼られ、嘲笑や侮蔑の対象となっているからです。

　「標準的ではない」という意味では、確かに同性を好きになったり、異性の服を着たりすることは少数派に属するものです。しかし、男女で愛し合うこと、男が男らしくして女が女らしくすることだけが「正常」でそれ以外は「異常」だという観念は、国際的にはすでに過去のものです。

　1990年5月17日、WHO（世界保健機構）が同性愛を「疾病及び関連保健問題の国際統計分類（ICD-10）」から削除することを決議し、同性愛は治療の対象ではないと公的に認められました。日本でも、1991年、広辞苑の「同

性愛」の項目から「異常性欲」という文言が削除されました。

　古代ギリシアの男たちが同性で愛しあっていたことは有名ですが、同性愛者はいつの時代にも、どの地域にも、ある一定の割合で生まれてくることも知られています。『世界がもし100人の村だったら』（池田香代子：著、マガジンハウス刊、2001年）という有名な本がありますが、そのなかでは「同性愛者は11人、異性愛者は89人」と書かれています。それは、世界のさまざまな国で行われてきた調査で、人口の３％〜10％くらいが同性愛者だというデータが多く、なかには同性に惹かれたことがあると答えた人が11％に上るという調査結果もあったことに基づいています（LGBTの人口については次の章を参照）。

　同性同士でペアを組む行為は自然界にも存在します。ペンギンの雄同士のカップルが子どもを育てる絵本（『タンタンタンゴはパパふたり』ジャスティン・リチャードソン、ピーター・パーネル：著、ヘンリー・コール：絵、尾辻かな子、前田和男：訳、ポット出版刊、2008年）がニュースで話題になりましたが、ペンギンに限らず、2006年にノルウェーのオスロ自然史博物館で開催された「生物の同性愛」をテーマとした博覧会では、同性愛行動が確認された動物は1500種以上にのぼるとされました。また、性別（雄／雌）に関して言うと、雌雄同体であったり、雌雄が未分化であったり、変化する（トランスする）種もたくさんあり、普遍的に存在しています。自然界のほうがもともと多様で、男女の恋愛しか認めず、男らしさ／女らしさを強要する人間界の勝手な決めつけのほうが「不自然」なのではないでしょうか。

2-2. 一時の気の迷いなんじゃない？

「同性を好きになるのは思春期にありがちな一過性のことだから、大人になれば『治る』よ」と、まことしやかに言う人がいます（昔は心理学の本などにもそう書かれていました）。性は本当に奥が深いものですから、性的指向がゆらぐ（男性が好きなのか女性が好きなのか自分でもよくわからなくなる）人も、なかにはいます。しかし、多くの同性愛者たちに聞くと、だんだん年を追うごとに自分の欲求がよりはっきりしてきて、ますます同性への恋愛感情がつのっていく人が多いようです。

中高年世代のなかには、無理やり子どもを精神病院に連れて行って「治療」させようとする人もいます。一時的な「病気」だから、病院で何とかしてくれるだろうと思うのです。しかし、全世界的に、治療が成功した例はありませんし（むしろ、自殺に追い込んでしまうケースも多いのです）、WHOも病気ではないのだから治療の必要はないと断言しています。

世間がまだ同性愛に厳しかった1980年代までは、多くの同性愛者が周囲の圧力によって異性との「結婚」を余儀なくされていました。そうでなければ社会生活を送れなかったのです。今でも、自分を同性愛者だとは認めたくなくて、無理やり自分の気持ちを押し殺して異性とつきあう人もいるでしょう。しかし、それではうまくいかないこともあります。自らの気持ちを素直に認め、自分らしく生きたほうがどれだけ心の健康によいことでしょう。

1990年代以降、社会が寛容になるにつれて、同性愛を治療しようとしたり、自分を押し殺したり、命を絶ったりせずに、晴れて同性愛者として生きられる人たちが次第に多くなってきました。今は何十万人にもなっています。日本では人口の5％～7％（電通総研2012年、2015年）ですから、もっと社会が寛容になれば、いずれは何百万人にもなることでしょう。今では10年以上もパートナーといっしょに暮らしている「ほぼ結婚」状態の人たちもたくさんいるのです。

2-3.「好き者」なんじゃない？

　同性愛や両性愛を「趣味嗜好」だと誤解し、ゲイやレズビアンやバイセクシュアルというのはセックスが好きすぎて通常の行為では飽き足らず「そっちに走った」人だと勘違いしている人はまだまだ多いようです。

　繰り返しになりますが、ゲイやレズビアンやバイセクシュアルは決して「好き者」なのではなく、単に"生まれつき性愛の対象が同性に向く"というだけのことです。本気で好きになった人とおつきあいしたい、結婚したい、生涯を共にしたいという思いは、ストレートの人たちと何ら変わりありません。

　レズビアンであることをオープンにしている女性に対して「男のよさを知らないんだな。かわいそうに。俺が治してやろうか？」などと言い寄ってレイプまがいのことをする最悪な男性も世の中にはいます。これを恥知らずと言わずして何と言うのでしょうか。

　また、ゲイ、バイセクシュアル男性に向かってストレート男性が「俺のことは襲うなよ」などと言うケースも後を絶ちません。ゲイやバイセクシュアルは過剰に性的だという偏見をあらわにしている、あるいは「男なんだから、ヤリたくなったら痴漢やレイプもするさ」という思考回路が自身のセクハラ体質を露呈してしまっていることにほかなりません。

　それから、もしかしたら、身体は男性なのに女性の格好をしているトランスジェンダーに対して「女物の服や下着を身に着けることで性的快感を得ているのか？」と思っている人がいるかもしれません。しかし、それは誤解です。彼女たちは「間違った身体で生まれてきてしまった」という強い性別への違和感に苦悩し、本来の自身のジェンダー（望む性別）を取り戻そうとしているのであって、それ以上でも以下でもありません。

2-4. 性別変えちゃうの？

　以前は、自分がゲイだと気づいたとき、「手術してニューハーフにならなきゃいけないんだろうか」と真剣に悩む人も多かったそうです。テレビに出てくる「ゲイボーイ」はみんなお化粧して女性の格好をしていたからです。

　今でも、テレビのバラエティ番組に登場するオネエ系タレントの大半は、女装していたり、格好は男性でもオネエ言葉をしゃべっていたりします。ドラマでゲイバーのシーンがあると、中途半端に女性のメイクをしたママが登場するというのがお約束になっています。インターネットも普及した現代では、さすがにゲイの当事者は「ゲイ＝オネエ」ではないとわかっていますが、世間ではまだまだ、同性愛と性同一性障害やトランスジェンダーが混同されていたりします。

　ゲイの性自認はあくまでも男性ですから、女装してキレイな女性に見られたいとは思っていません（ゲイカルチャーのひとつとして、派手な女装をするドラァグクイーンというパフォーマーもいますが、女性化を目指しているのではなく、ジェンダーのパロディ的表現、演劇的な遊びとでも言うべきものです）。むしろストレート男性のほうが、女性化を目指したナチュラルな女装をする人が多かったりします。

　多くのゲイは特に異性装や性別越境に対する偏見はありませんが、世間のゲイ＝女装という偏見（ステレオタイプ）には、正直、辟易しています。

　ただ、最初はゲイだと思ってゲイコミュニティで活動していた人が、次第に「本当は自分は女性になりたいんだ」と気づき、カウンセリングと治療（ホルモン療法や性別適合手術）を受けて、身体も戸籍も望んだ性になる（つまり、トランスする）というケースもあります。

　また、心はかなり女性的だと自覚していながらも、手術まではしなくていい、たまに女装したり、女性として扱われたらうれしい、という人もいます。

実は、男／女の境目はきっぱりはっきり分かれるものではなく、グラデーションのどこかに位置するようなイメージで捉えたほうが実情に合っているのです。

　世の中に100％男性とか100％女性という人などは存在しませんし、そもそもどれくらい男でどれくらい女かということは人それぞれ微妙に異なっていて、また、絶えず揺れ動くもの、と考えたほうがいいかもしれません。世の中には男と女しか存在しないからどっちかに決めろと言うほうが乱暴なのではないでしょうか。

LGBT人口はどれくらい？ 03

「自分は同性が好きなんだ」、あるいは「間違った性別で生まれてきた」と自覚したとき、情報がなかった時代は、世界に自分のような存在はたった1人かもしれない……と深い孤絶感に苛まれる人がたくさんいました。しかし、そんな人も、東京の新宿二丁目のような街に来たり、何千人ものゲイが集まるクラブパーティなどに来てみると、仲間が大勢いることを知り、勇気づけられたりしたものです。

　性的少数者（性的マイノリティ）と言うくらいですから、ストレートに比べたら少ないのでしょうが、実際はどれくらいいるのでしょうか。人口の3％〜10％というデータを目にしたことがあるかもしれませんが、これほどの幅が生まれるのはなぜなのでしょう。それは、LGBT人口の統計というのは、さまざまな意味で正確な数値を出すことが困難になっているからです。以下に理由を述べます。

　まず、何をもってゲイやレズビアンの人口とみなすのか、という問題があります。「私はゲイです」「レズビアンです」という自己申告に基づくのか、同性と性行為を行った経験があるかどうかを尋ねるのか、同性に性欲や恋愛感情を抱いた経験があるかどうかを尋ねるのか。

　自己申告（すなわちカミングアウト）に基づく場合、LGBTに対して抑圧的な社会であればあるほど、カミングアウトする人が少なくなります（平等が100％達成され、社会が限りなく寛容になってもなお、カミングアウトしたがらない人もいるのではないでしょうか）。

　たとえ同性と性行為を行っていても「自分はゲイではない」と主張する人もいます。社会が抑圧的であればあるほど「自分はゲイだ」「バイセクシュアルだ」というアイデンティティの獲得（自己受容）が難しくなるからです。ちなみに、HIV予防の研究者の間では、同性と性行為を行う人たち（ゲイ、

バイセクシュアル男性)のことを言い表すMSM（Men who have sex with men）という用語が用いられています。

　世界には、男女の交わりが厳しく制限される代わりに男性同士の性行為が黙認されていたり（中東など）、男性同士の性行為が通過儀礼とされている社会もあり（パプアニューギニアのサンビア族など）、これを同性愛に含めてよいかというのは議論が分かれるところです。

　とりあえずは、同性との性行為の経験があるかと尋ね、有効な回答が得られるくらいオープン化が進んだ国での統計の例をご紹介します。

　1948年に発表されたアルフレッド・キンゼイの調査による『男性の性行動』（いわゆる「キンゼイ・レポート」）では、実に、アメリカ人男性の37％が同性との性行為を経験しており、20歳～35歳の白人男性の11.6％は同性と異性、両方との性行為を経験したことがあり、白人男性の10％が少なくとも３年間は同性愛的であり（この数字が『世界がもし100人の村だったら』のもとになっていると言われています）、４％が生涯を通じて同性愛者である、女性では13％が同性との性行為を経験しており、およそ３％が生涯を通じて同性愛者であると報告されています。

　アメリカではその後、何度も同性愛人口についての調査が行われてきました。最近のものでは、2003年に「Analysis of National Opinion Research Center」が行った調査があり、性的に活発なアメリカ国民男性の4.9％が18歳以降に同性との性的行為を持ったことがあると回答しました（もっぱら同性と回答したのは１％未満で、４％が男女両方）。

　イギリスでは、財務省などがシビル・ユニオン制定（p250参照）の影響を調べるため、2005年に行った調査によると、イギリスにいるレズビアン、ゲイの数は360万人で、国民の約６％が同性愛者でした（Final Regulality Impact Assesment：Civil Partnership Act 2004）。

　日本でも1999年にNHKが調査を行った「日本人の性行動・性意識」とい

うデータがあり、同性との性行為の経験があると回答した人は1％でした（カミングアウトのしづらさが数字に表れていると想像されます）。その後、性的マイノリティ向けポータルサイトを運営するパジェンタ（東京都千代田区）が2006年11月に約4万人を対象に実施した調査では、日本の同性愛者は約274万人、20歳〜59歳の人口比では4％に相当するとの結果が出ました（『日経ビジネス』2007年2月26日号より）。2012年に電通総研が行った調査では、人口の5.2％がLGBTであると発表され、現在、これが最も広く知られています。2015年にも再度調査が行われ、7.6％という数字が発表されました。

一方、トランスジェンダーの人口比率は、LGBTよりも少なく見積もられることが多くなっています。

アメリカのUCLA（カリフォルニア大学ロサンゼルス校）ウィリアムズ・インスティテュートが2011年に発表したデータでは、全人口の0.3％でした。

日本では、2013年、性同一性障害者の割合が札幌市内で約2,800人に1人（0.0357％）であると報じられました（北海道文教大などのグループが調査）。性同一性障害者としてクリニックを受診したりはしていないトランスジェンダーを含めると、もう少し多くなるはずです。

ちなみに、人口統計で最も参照され、信用度が高いのは、言うまでもなく国勢調査ですが、アメリカではすでに何度か、国勢調査（Census）で同性カップルの世帯数がカウントされてきています（2010年の国勢調査では646,464世帯が同性世帯だと回答。ワシントンD.C.では全世帯の1.8％が同性世帯です）。日本でも同様に、国政調査に同性世帯のカウントを含めるべきではないかという意見も出てきています。

このように、全人口のうちどれくらいがLGBTかということを調査しようとするだけでも、LGBTに寛容な社会であること、先進的な国（政府）であること、などが必要になってくるのです。

人はなぜ同性愛者に生まれるのか   04

　世間では、なぜ「同性愛に走る」のかと問う人が少なくありません。その問いの底には「同性愛を治療できる方法はないものか」という考えが潜んでいたりするのです（筆者の友人で、親に精神科に連れて行かれ、取り返しのつかない心の傷を負った人もいます……無理解と同性愛嫌悪が、1人の有能な若者の未来を奪いました）。なお、欧米ではこのような「治療」は法律で禁止されるようになってきています。

　一方で、「母体ストレス説」のようにもっともらしく見えて真実ではない話や、「家庭内で父親の力が弱いとゲイになる」などの「トンデモ」な話がいまだに飛び交っているのも事実です。ここで、人が同性愛者になる「原因」はどこまで解明されているのかということをお伝えしたほうがよいのではないかと思いました。

　現時点で、科学的に同性愛の「原因」に迫った著作として紹介できるのは「クィア・サイエンス―同性愛をめぐる科学言説の変遷」（サイモン・ルベイ：著、伏見憲明：監修、玉野真路・岡田太郎：訳、勁草書房、2002年）です。

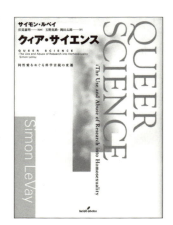

　大部な本ではありますが、意外にわかりやすく（翻訳も素晴らしく読みやすいです）、同性愛者に寄り添う立場で書かれた信頼できる本であり、世の有象無象の俗説やトンデモ本に惑わされるくらいなら、ぜひこれを手元に置いて読んでほしいと思います。

　19世紀から20世紀にかけて登場した性的指

向をめぐる科学的言説は、しばしば同性愛者に「異常」の烙印を押し、「治療」という名の暴力を振るってきました。「コンピュータの父」と言われる天才、アラン・チューリングが同性愛者であることがわかって逮捕され、治療の名目で（当時、性欲を抑えると考えられていた）女性ホルモンを投与され（副作用として胸がふくらんできたそうです）……自殺に追い込まれたという悲劇は有名です。

　サイモン・ルベイは、同性愛者を「治療」するためではなく、生きる権利を守るために、性的指向に関するあらゆる学説や研究を検証し、『クィア・サイエンス』をまとめました。遺伝子、ホルモン、ストレス、脳、認知心理学、行動学的心理学、精神分析など、性的指向を扱う科学理論を網羅的に取り上げ、その限界と意義が検証されています。

　まず、サイモン・ルベイ自身が1991年に発表し、大きな話題となった研究成果なのですが、同性愛者の脳の一部（視床下部のINAH3）が異性愛者と形態が異なっているという事実があります。

　それから、少なくともゲイ男性では遺伝子が影響していることが非常に強力に証拠立てられていますが（X染色体のだいたいこのあたり、といったところまで見当がついています）、同時に遺伝子ですべてを説明できないということもはっきりしています（その後の研究で、遺伝子の影響はますます不明になったそうです）。「すべてのゲイは同性愛に関してなんらかの遺伝的素因を持っており、それが他のさまざまな因子と組み合わされて実際に発現するのかもしれない」（前掲書より）。そして、遺伝子以外の因子が何であるかは、よくわかっていません。

　非遺伝性の要因、生後の環境要因（幼少期の条件付けのパターン、幼少的の性的体験など）については、はっきりとはわかっていませんが、現時点で何も関与していないとも言えません。しかし、有名な母体ストレス説は誤りである（仮説に過ぎない）ということ、それから、心理学的な要因（親の育て方の影響）については、きっぱり否定されています（男の子らしく矯正された子も、女の子っぽく育てられた子も、同様にゲイになることが実証され

ています)。

　ざっくりまとめると、性的指向を決定づけるこれだという明確な要因はまだ解明されてはいません(つまり、わからないのです)。しかし、脳の一部が異なっていること、遺伝が関係しているらしいことなどから、基本的には生まれつきのものだろうということは言えます。ただし、環境要因(後天的な要因)が全く関係しないということも証明されてはいません。

　同書の「あとがき」で訳者も書いていますが、ルベイはあくまでも科学者としての態度を崩さず、ひとつひとつの事象を丁寧に検証しているため、時にはゲイにとって「守護神」とまで言われるような学説にも批判を加えています(そのことがこの本の信頼性をより高めています)。一方で彼は、同性愛者を「病理学的」に扱ったり「治療」を受けさせたりすることを厳しく批判し、同性愛者も異性愛者と同じように生きる権利をもっているという態度を貫いています。

　ルベイは「同性愛嫌悪を持つ人々は、同性愛をアイデンティティの問題(自分は何者か)ではなく、行動の問題として切り離したがる。行動であれば『そんな行動はやめなさい』と言えるからだ」と指摘しています。「同性愛者たちがそれをアイデンティティの問題だと主張できるようになるために、生物学は大いに貢献できる」。つまり、色事が好きすぎて「その道に走った」のではなく、生まれつきであり、揺るぎない人格なのだという、同性愛者たちの実感に、科学者として太鼓判を押してくれたのです。

　ルベイの熱い思いが伝わるような、同書の最終章の締めの言葉をご紹介します。
「生物学に言えることは次のことだ。理性において、道徳において、あるいは感情だけでも同性愛が劣っているという根拠があると信じるなら、またあなたの価値体系において異性愛より下に位置するとする根拠があると信じるならそうすればいい。しかし、ある人が同性愛者であることがその人のそれ以外の部分から切り離せたり、精神の片隅に追いやり、閉じこめられたまま

忘れたり、医療、法律、宗教によりきれいに切り落としたりできると考える愚を犯してはならない。同性愛という指向は彼らの存在全体になくてはならない性質だということ、彼らの同性愛に対する攻撃は、単に行動、権利、自尊心だけに対する攻撃なのではなく、まさに彼らの人間性そのものに対する攻撃なのだということ。そういったゲイの人々なら知っている同性愛者自身のことを、生物学は裏打ちしてくれるのだ」。

LGBTはなぜ差別されるのか？

05

　人間は社会的な生き物ですから、周囲の人たちの醸し出す「空気」に大きな影響を受けます。誰も「そのままでいいんだよ」と言ってくれない、「おかまキモい」などと言われ続ける状況では、自分が「変わっている」ことがいけないんだと、自分自身を責めたりします。世間の多くの人も、あまり深く考えず、「変わっている」ほうの問題だと認識しがちです（ともすると「変わっている」ことを矯正する方向で物事を解決しようと試みたり、「普通」に生まれたらよかったのにね、などと言ったりします）。しかし、本当は逆なのです。

　同性愛は自然界にも存在し、人類の誕生とともに存在し続け、今もあらゆる社会に一定の割合で存在しています。しかし、人間社会は長い間、同性愛を禁じ、差別し、迫害してきました。動物はそんなことはしません。なぜ人間はそんなことをするのでしょうか……。それは同性愛嫌悪症（ホモフォビア）という社会的病の表れなのだ、と1970年代に心理学者のジョージ・ワインバーグが提唱し、以後、ホモフォビア（異性装や性別越境に対する嫌悪はトランスフォビア）という考え方が認知され、広く知られるようになりました。同様の概念として、イデオロギーとしての強制的異性愛（ヘテロセクシズム）があります。

　この項では、ホモフォビアやヘテロセクシズムという概念によって、LGBTが直面する困難を解き明かしていきます。

5-1. 同性愛嫌悪（ホモフォビア）とは？

　1960年代まで同性愛は精神医学界でも病理であるとみなされていました

（社会においても異常視されていました）が、70年代になって社会学者や精神科医らが「病んでいるのは同性愛者ではなく、同性愛を嫌悪する感情のほうだ」と主張しはじめました。精神科医自らがカミングアウトしはじめたことで、カミングアウトしたゲイは「患者」で、隠している人は「治療する側」に分類されるという異常な事態に気づくようになったのです。それが「ホモフォビア（同性愛嫌悪）」という概念へと結晶していきました。

1972年にジョージ・ワインバーグが『社会と健康な同性愛者Society and the Healthy Homosexual』という論文で「同性愛嫌悪（ホモフォビア）」という概念を提唱、同じ年、フランスでは、解放主義者であり精神分析学者であるギィー・オッカンガムが著書『ホモセクシュアルな欲望』（関修：翻訳、学陽書房刊、1993年）を世に出し、その冒頭で「問題なのは、同性愛の欲望ではなく、同性愛に対する恐怖なのである。なぜ、その（同性愛という）言葉を単に述べることが嫌悪や憎悪の引き金になってしまうのだろう」と述べ、同性愛を忌避し、恐怖・嫌悪する社会の側を問題化しました。

1973年、アメリカ精神医学会は、精神科医が診断の手がかりとする「精神障害の診断と統計マニュアル（DSM）」から同性愛を「人格異常」や「精神の病」だとする記述を削除しました。1990年5月17日、世界保健機構（WHO）の「国際疾病分類（ICD）」から同性愛の記述が削除され、晴れてゲイは治療の対象ではないということが国際的に認められるようになりました。

2005年、フランスのルイ＝ジョルジュ・タン教授が、同性愛が非病理化されたことを記念して5月17日を国際反ホモフォビア・デーにしようと呼びかけ、世界各地で一斉にLGBTへの理解を促すような集会や講演会が開催されるようになりました。日本でも2006年から全国的にアクションが行われており、世間でも次第に同性愛嫌悪（ホモフォビア）という言葉（考え方）が広まってきています。

しかし、まだまだ世間の多くの人々は、自身のホモフォビアに気づいてはいません。

「実は俺、ゲイなんだ」「キモっ！（尻に手を当てて）俺を襲うなよ」といったネタがテレビのお笑い番組で頻繁に再生産され、ネット上では「同性愛に権利とかいらない」「エイズで死ね」などといった口撃が日常的に行われているなかで、世間の多くの人たち（親兄弟や同僚、友人などを含めて）がこれに同調していたら、それが「普通」だと思ってしまうことでしょう。

なぜ当事者の多くはカミングアウトしないんだと思う人も少なくないでしょうが、それだけ世間の同性愛嫌悪（ホモフォビア）が強く、日々ホモフォビックな言動にさらされているからだと言えます。

また、同性愛者自身もしばしば、世間のホモフォビアを内面化したままだということに無自覚だったりします。ホモフォビアは異性愛者だけの病ではなく、同性愛者自身も内なるホモフォビアに苦しむことが多いのです。自分自身を愛することができず、自傷行為に走ったり、同じ同性愛者を攻撃したりします。

ホモフォビアの強い人は、同性愛者に対して誇大な被害妄想を抱いたり、過剰反応を見せるという特徴があります。自身のなかに同性愛的傾向があるような場合、最も激しく同性愛者を攻撃（バッシング）したりという行動も見られます。そのような人物を"ホモフォーブ"と言います。

2014年に異例のロングランヒットを記録した映画『チョコレートドーナツ』をご覧になった人もいらっしゃることでしょう。1970年代のロサンゼルス。歌手志望でゲイのルディは弁護士のポールと知り合い、つきあいますが、ある日、隣に住む女性が麻薬で逮捕されます。行き場を失って施設に収容されそうになった彼女の息子のマルコを不憫に思い、自ら引き取って育てることにします。マルコは「初めて自分の部屋がもてた」と喜び、学校にも行けて、本当に幸せそうだったのですが、ポールの上司（蛇のような目をした男）が「ゲイが子どもを育てるなんて言語道断だ」「教育によくない」と訴え、裁判官も訴えを認め、とうとうマルコは２人のもとから引き離されることに……。そして予期せぬ悲劇が訪れ……という、涙、涙の物語です。この蛇のような目をした、悪魔みたいな男こそが「ホモフォーブ（同性愛嫌悪症

に取り憑かれた人)」です。

　それから、ヒラリー・スワンクがアカデミー主演女優賞に輝いた『ボーイズ・ドント・クライ』という映画があります。1993年のクリスマスの夜、ネブラスカ州に住むブランドンは、イケメンな男子として女性たちに人気でしたが、実はFTMトランスジェンダーで、つきあっているラナにしかそれを打ち明けていませんでした。しかし、地元の新聞にトランスジェンダーであることが暴露され、それを知った男友達は、ブランドンをレイプし、挙句の果てに……という、こちらも涙なくしては見られない作品です。ブランドンが「男性になりたがっている女性」だと知って激怒し、レイプした男たちの心性を「トランスフォビア」と言います。

　「差別はいけません」「LGBTを受け容れましょう」と言うのは簡単です。しかし、そう簡単に治らない、心の奥のほうまで根を張っていたりするのがホモフォビアやトランスフォビアなのです。

　しかし一方で、ホモフォビア概念は社会問題を個人の心理の問題に落とし込むことで問題を見えなくしがちである(「心のなかで同性愛を嫌悪しようと、それは自由だ」と言われかねない)、という批判もあります。LGBT当事者は、ホモフォビアが社会の病であると認識しているものの、そうした誤解や悪用の恐れがある、というものです。

5-2. 強制的異性愛（ヘテロセクシズム）

　アメリカの詩人、アドリエンヌ・リッチは、1980年に論文「強制的異性愛とレズビアン存在」(『血、パン、詩。』所収。大島かおり：訳、昌文社刊、1989年) のなかで「強制的異性愛（Compulsory Heterosexuality）」という言葉を使い、そこから強制的異性愛、異性愛中心主義（ヘテロセクシズム）という概念が広まったと言われています。

　ヘテロセクシズムは、「セクシズム（性差別）」をさらに展開させた概念で、異性愛を特権化し、ほかのセクシュアリティを傷つけ排斥するショービニズ

ム（排外主義）であると非難するものです。

　ヘテロセクシズムが想定する「異性愛」とは、「男女が性的に欲求しあい、カップルになって再生産する規範的異性愛」のことです。「規範的異性愛」は、男／女の性別二元的ジェンダー規範を前提にしており、男性を女性より上位に位置づけるもので、女性差別的でもあります。

　ヘテロセクシズムにおいて、規範的異性愛（「正しい」セクシュアリティ）からの逸脱は、「正しい」ジェンダー（男らしさ／女らしさの社会的表現）からの逸脱として捉えられます。ゲイが「女性的」であるとか、レズビアンが「男性的」であるとかいうレッテルを貼られるのは、そのためです。

　当然ながらすべてのヘテロセクシュアル（異性愛者）がヘテロセクシストではありません。しかし、ヘテロセクシズム社会では、誰もがヘテロセクシズムの構造のなかに巻き込まれ、影響を受けます。

　文化人類学者の砂川秀樹氏は「ヘテロセクシズム社会では、社会の成員が異性愛者であることを大前提とし疑うこともされない。ヘテロセクシズム社会にいる異性愛者は、自らがヘテロセクシズム社会を構成しているとは意識していない」（『性の文脈　くらしの文化人類学』、雄山閣刊、2003年）と述べています。

　結婚して子どもを生み育てるのが人としての幸せであり、そこから逸脱する（結婚しない、子どもがいない）のは不幸だという、世間の多くの人の素朴な押しつけが、まさにこうした例です。

　社会学者の上野千鶴子氏は、「ヘテロセクシズムと対幻想は男の思想だと、斎藤環さんがはっきり言いました。卓見だと思います。男がつくりあげた思想のなかで、それが遂行できない男の負け感は、女よりずっと強いはず」（『バックラッシュ！　なぜジェンダーフリーは叩かれたのか』双風社刊、2006年）と述べています。

　つまり、ヘテロセクシズムは、ゲイやレズビアンだけでなく、異性愛者自身をも抑圧するのです。

5-3. LGBTを差別する社会のありよう

　多くのイスラム国家や専制国家（朝鮮民主主義人民共和国など）、ロシアや中国などの権威主義的国家では、LGBTへの弾圧、抑圧が顕著に見られますが、たとえ欧米などの先進的な民主主義国家であっても、父権制国家であることに変わりはなく、ともすると女性が弱い立場に置かれがちです。男尊女卑が強い社会では、同性愛者も抑圧されがちです。日本もそうです。

　日本の社会では、男女が結婚し、子どもを生み育てるのが幸せな生き方だという刷り込みが強烈に作用しています。学校でも「世の中には同性を愛する人もいるし、いるのが自然」だなどということは教えませんし、テレビを見ても、映画を見ても、ほとんどの恋愛は男女のものです。こうした状況がヘテロセクシズムをそれとなく再生産してしまっているのです。

　加えて、日本では、同性愛者をあからさまに攻撃したり（ネット上で叩いたり）、排除したり（学校で仲間外れにしたり）という同性愛嫌悪（ホモフォビア）に基づく差別行動が矯正されず、放置されたり、先生までもが「男らしくしないお前が悪い」などと差別に加担している状況があります。同様のことは職場にも言えるのではないでしょうか。

　たとえ同性愛者が気持ち悪いと心のなかで思っても（思うのは自由です）それをあからさまに同性愛者にぶつけたり、差別してはいけないということが徹底されていない（禁止事項にすらなっていない）ことが問題です。

　たとえば障がい者に対しては、そんなことをしてはいけないと学校で教えられるでしょうが、同性愛者は「バカにしてもいい」存在になってしまっています。法務省は性的指向や性自認による差別はしないようにという指針を打ち出していますが、具体的にそれが社会に浸透していくような方策（教科書への掲載など）がとられていません。LGBTに関する社会教育の理念の提供とともに、差別を禁止する法令（差別発言を取り締まる）や、場合によっては社会的制裁（会社でそういう発言を行った人物を罰する）を与えるようなこともそろそろ検討されてもいいのではないでしょうか。

国際的な基準は
どうなっているのか

06

　日本ではLGBTを差別するような発言が日常化してしまっていますが、たとえばアメリカでは、アカデミー賞の司会に内定していたブレット・ラトナーが「オカマ」差別発言で降板させられ、Mozillaの新CEOに就任したばかりのブレンダン・アイクが同性婚禁止を支援していたことで辞任し、スポーツ界でもゲイ差別発言をすれば無期限出場停止など厳しい処分を受けます。公の場では差別発言をしてはいけない、言ったら社会的制裁を受ける、ということが徹底されているのです。

　ここで、LGBTへの差別禁止や人権保障について、国際基準はどうなっているのか、ということを見てみましょう。

　2006年、インドネシアのジョグジャカルタにあるガジャ・マダ大学で開かれた国際会議で、国際法律家委員会や元国際連合人権委員会構成員、および有識者たちによって、LGBT（および性分化疾患のうち自己意思に反して必要でない矯正手術を受ける可能性のある症例の当事者）の人権を保障する原則を示した「ジョグジャカルタ原則」が採択されました。2007年には国連人権理事会でも承認されました。

「国際人権法は性的指向や性自認に拘わらず万人の人権の完全な保障を主張し、とりわけ人格形成期、成熟期にある児童（18歳未満の者）の最善の利益は最優先に配慮される必要があることに留意し、すべての者の人権、即ち市民的、文化的、経済的、政治的、社会的権利の完全な享受の観点から国際人権法は絶対的な差別の禁止を要求し、性的指向や性自認の尊重は男女の同権の実現に不可欠であり、国家はいずれかの性別の優劣や、ステレオタイプ化された男女の性役割に基く偏見や因習を除去するための手段を講じる義務があり、さらに国際社会は個人の性と生殖の健康に関連した事柄を、他の強制や差別、暴力なしに自由に、かつ責任を持って決定する権利を承認したこと

を明記する」と謳う前文からはじまり、性的指向や性自認にかかわらず家庭をもつ（結婚し、子どもをもうける）権利を有すること、ホルモン治療や手術などの医学的処置を経ずに公的書類の性別を変更できることなど、LGBTの権利が詳細に示されています。第1原則「人権の普遍的享受への権利」から第29原則まで、かなりのボリュームがあるのですが、残念ながら日本では出版されておらず、手軽に読むことはできません。現状、Wikipediaに全文訳が載っているだけです。

　このジョグジャカルタ原則を踏まえ、2008年12月18日、世界人権宣言採択60周年を記念し、国連総会に「すべての人間は、生まれながらにして自由であり、かつ、尊厳と権利において平等である」と宣言する「性的指向と性自認に関する声明」が提出されました。著名なLGBT活動家のピーター・タッチェルも「国連におけるこの声明の実現によって、多くのLGBT市民や人権団体による世界規模の奮起をもたらされる歴史的なものとなりました」と称讃するもので、日本を含め、国連加盟国94カ国が賛成しましたが、中東やアフリカの国々の反対で未採択に終わりました。

　2011年6月、ジュネーブの国連人権委員会で歴史上初めてLGBTに関する決議が採択されました。この決議案は性的指向や性自認に基づく差別や人権侵害を非難するもので、差別的な法律や人権侵害の実態の調査を国連事務局長に委託し、専門家によるパネルディスカッションを要請することになりました。この決議案は南アフリカ共和国が提出したもので、日本も賛成に回りました。

　2011年12月には世界人権デーに合わせてジュネーブの欧州国連本部でアメリカのクリントン国務長官が演説し、「同性愛者の権利は人権であり、人権は同性愛者の権利だ」と宣言し、LGBTの権利擁護に向けた国際協調を呼びかけました。

　また、2011年に国連人権高等弁務官が、個人の性的指向と性自認に基づく暴力や差別が蔓延する現状を明らかにした画期的な報告書を提出したことが

きっかけとなり、2013年7月には世界的なキャンペーンである「Free & Equal」が立ち上げられ、9月には各国政府の閣僚級が集まり、LGBTに対する暴力と差別の問題解決に向け緊急行動が呼びかけられる画期的な会議が開かれました。

　このように、一部の不寛容な国の反対はあるものの、国連としては、LGBTの権利を人権と見なし、各国にLGBTの権利擁護の推進を求めています。

　国連と日本との関係で言うと、2008年10月、国連自由権規約委員会による第5回日本政府報告書の審査の最終見解が発表され、「LGBTの雇用、居住、社会保険、健康保険、教育および法によって規制されたその他の領域において差別があることに、懸念を有する」との指摘がありました。つまり、学校教育でLGBTについて教えられず、就職が困難だったり、同性パートナーの権利が保障されていなかったり、といった日本の現状が差別的であり、これを変える必要があると見なされたのです。

　また、2014年7月にも、国連人権委員会は日本に対し、「LGBTへの社会的ハラスメントおよび汚名に関する報告、および自治体が運営する住宅制度から同性カップルを実質的に排除する差別的規定に関する報告を懸念する」「性的指向および性自認を含むあらゆる理由に基づく差別を禁止し、差別の被害者に効果的で適切な救済を提供する包括的な差別禁止法を採択すべきである。LGBTの人びとに対するステレオタイプや偏見と闘うための啓発活動を強化し、LGBTの人びとに対するハラスメントの申し立てを捜査し、それらを防止する適切な措置をとるべきである。また、自治体レベルの公営住宅事業に関して同性カップルに適用される入居要件に残されている制限も取り除くべきである」との勧告を出しました。ヘイトスピーチなどの問題とあわせ、日本がこの分野では「人権後進国」であるということが浮き彫りになりました。

同性愛者の社会的課題 07

　同性愛が「ベッドの上での話」だとイメージしている人は、"同性愛者の社会的課題"と言われてもピンとこないかもしれません。

　中東やアフリカの多くの国では、同性愛者であるというだけで逮捕・投獄され、ひどい場合は極刑に処されたりします。2005年、イランで10代のゲイ2人が絞首刑に処されたというニュースは日本のコミュニティに衝撃を与え、追悼が行われたりしました。

　1990年代、イランでは生きていけないと、日本に難民申請したシェイダさんというゲイ男性がいましたが、法務省は受け入れを拒否し、強制送還の決定を下しています。日本では幸い、同性愛者というだけで逮捕・投獄されることはありませんし、ゲイバッシング（ゲイをねらった暴力事件）なども多くはありません。しかし、同性愛者はホモフォビアゆえの数々の困難に直面し、まさに「社会的マイノリティ」と呼ぶほかない状況に置かれています。

　「社会的マイノリティ」とは、人数の多寡にかかわらず、不当に肩身の狭い思いを余儀なくされている人々のことです。社会的な偏見や差別の対象になったり、少数者の事情を考慮していない社会制度の不備から損失を被っています。その結果、貧困や疎外感に悩まされたり、心の病、果ては自殺という状況に追いやられたりします。一言で言うと、社会の片隅に追いやられている（周縁化されている）存在のことです。

　世間のやんわりとした差別的な「空気」によって、カミングアウトしづらい当事者が多数を占めています。あまり知られていませんが、親に勘当され、行き場を失ってホームレス状態になっている若者もいます。自殺を考えたことのある率は異性愛者の何倍にものぼり、実際に多くの同性愛者が自ら命を

絶ってきました。HIV陽性者への差別もまだまだ払拭されていません。ゲイ・バイセクシュアル男性の間でのHIV陽性率は非常に高く、固有の問題となっています。

　そして、法的に見ると、同性愛者は日本にいないことになっている、と言っても過言ではありません。結婚できないだけでなく、同性パートナーとの間の権利（相続権、税制の優遇など）は一切認められておらず、差別禁止法（憎悪犯罪を防ぐ法）などもありません。ただでさえ女性の平均収入は男性の約７割しかないのに（『世界男女格差レポート』2013によると、日本の男女格差は世界136カ国中105位。発展途上国並みです）、女性同士のカップルは、さまざまな不利益を被ったまま、生活に苦しんでいたりします。

　まずは職場をはじめ社会（メディアなども含む）に蔓延する同性愛差別を明確に禁止する法律、そして、ゆくゆくは同性パートナー法や同性婚法の実現が望まれます。男女平等、異性愛者と同性愛者の平等が達成され、同性愛者が生きやすい社会になった時（社会的マイノリティではなくなった時）、異性愛者は少しも損をしないどころか、異性愛者自身にとっても生きやすい、豊かな社会になるはずです。

トランスジェンダーの社会的課題 08

　日本では2003年、「性同一性障害者の性別の取扱いの特例に関する法律」（以下「性同一性障害者特例法」）が成立し、2004年に施行されました。この性同一性障害者特例法で定められた要件を満たせば、戸籍上の性別を変更することができます。
　要件は以下の通りです。
1．20歳以上であること
2．現に婚姻をしていないこと
3．現に未成年の子がいないこと
4．生殖腺がないこと又は生殖腺の機能を永続的に欠く状態にあること
5．その身体について他の性別に係る身体の性器に係る部分に近似する外観を備えていること

　すでに結婚している人や未成年の子どもがいる人などは、この法律の要件を満たすことができず、戸籍の性別変更への道が閉ざされてしまうため、要件の見直しを求める声が高まっています。
　また、要件を満たすために必要なホルモン療法や性別適合手術には健康保険が適用されません（ただし、戸籍変更後であれば、ホルモン療法については健康保険の適用を受けることができます）。130万円前後の高額な手術代を自己負担しなくてはならないのが実情で、欧米と同様、健康保険を適用する要望が出されています。

　以上のような理由から、身体の性別適合（性別移行）をあきらめ、自身が望む性別（髪型や服装など）で日常生活を送る当事者もいますが、書類上の性別と見た目が異なるため、社会生活に支障を生じることがあります。そのため、公的書類の性別欄の廃止や修正（男性／女性だけでなくそのほかの項

目を設けるなど）を求める声や、性別適合手術なしでも戸籍上の性別を変更できるようにという声も上がっています。イギリスやドイツ、オランダ、アルゼンチンなどではすでに、身体の性別適合なしでも公的書類の性別変更ができるようになっています。

　また、LGBが黙っていればそうとはわからないのに対し、T＝トランスジェンダーは見た目で気づかれることが多いため、世間の偏見ゆえの就職の困難があります。以前はショーパブなど限られた職種しか選べなかったと言われています。第2章で述べるように、2014年の調査でも、トランスジェンダーの実に70％が求職の際に困難を感じることがあると回答しており、難しさが浮き彫りになっています。

　一般企業に就職できたとしても、更衣室やトイレなどの問題もあり、職場の理解や協力が不可欠になっています（後の章で詳述します）。

LGBTの世界史　09

　詳述すると何冊もの本になりますが（すでに多くの書籍が出版されていますが）、ここでは、ごくごく簡単に、LGBTの歴史についてまとめてみます。

9-1. 古代ギリシアからルネサンス期

　自然界にもともとたくさんあるように、人間界にも古来から同性愛はありました。よく知られているのは古代ギリシアです（ヨーロッパで「Greek love」と言えば同性愛のこと）。プラトンは『饗宴』のなかで少年愛を美（やがて善なるもの）と結びつけて讃美しています。ポリス（都市）では、念者（年長者）が庇護者として少年を愛することが称揚され、それは少年を立派な市民に育て上げるという教育的な意味ももっていました。男性カップルで編成されたテーバイ（テーベ）の神聖隊はレウクトラの戦いでスパルタを破り、愛の力を見せつけました。アレキサンダー大王のヘレニズム、そして古代ローマにおいても、少年アンティノウスを寵愛したハドリアヌス帝をはじめ、同性愛（少年愛）が当たり前のこととなっていました。

　しかし、キリスト教が誕生し、同性愛を退廃とみなす中世の暗黒時代へと入っていきます（聖書の「ソドムの市」の記述から同性愛は「ソドミー」と呼ばれ、火あぶりなどの刑が科せられることもありました。この時代、魔女とともに同性愛者が「薪」として火あぶりになったことから「faggot」という蔑称が生まれたと言われています）。12世紀まではさほど厳しくなかっ

『古代ギリシアの同性愛　新版』
（K.J.ドーヴァー：著、中務哲郎、下田立行：訳　青土社刊、2007年）

たものの、13、14世紀に法治国家が確立し、統制のために同性愛が取り締まられるようになりました。『ホモセクシャルの世界史』を著した海野弘氏は同書で「キリスト教がホモフォビアを作ったのではなく、キリスト教が生んだ抗争がホモフォビアを助長したのかもしれない」と述べています。

ルネサンス期はネオプラトニズムの影響で同性愛に寛容なムードが広まる一方で、取り締まりも行われました。レオナルド・ダ・ヴィンチやミケランジェロといった芸術家たちの同性愛は広く知られるところです。

イギリスでは、エリザベス朝時代のクリストファー・マーロウやシェイクスピア、17世紀のフィリップ１世（オルレアン公）、ジェームズ１世、ウィリアム３世の同性愛が有名です。18世紀には産業革命を背景に、今日のゲイバーの原型である「モリー・ハウス」が誕生し、庶民も同性愛や異性装を謳歌するようになったことが知られています。

9-2. 近代から現代

近代になると、家父長制と資本主義、ナショナリズムが結びつき、一夫一婦制が定着し、ジャーナリズムの発展とともに国家と大衆が同性愛者を非難・弾圧するようになり、ホモフォビアが蔓延します。

19世紀末、オスカー・ワイルドが同性愛のかどで逮捕・投獄され、フランスではヴェルレーヌがランボーとの恋の終幕に拳銃を発砲し、逮捕されました。20世紀初頭には、ドイツで皇帝ヴィルヘルム２世の閣僚や側近が同性愛者として糾弾される一大スキャンダル、「オイレンブルク事件」が起こりました。第１次世界大戦の遠因ともなる、国家を揺るがすような事件でした。イギリスでは、経済学者のケインズ、作家のヴァージニア・ウルフやE・M・フォースターらの同性愛者・両性愛者が中心となったブルームズベリー・グループが活動し、パリではディアギレフやニジンスキー（ともに同性愛者）のバレエ団バレエ・リュスがセンセーションを巻き起こしました。

女性に目を向けると、「ロマンティックな友情」と呼ばれて称賛された女

性同士の友愛が19世紀に頂点を迎え、経済的自立を果たした中産階級の女性たちは共に暮らしはじめます（アメリカ東海岸では「ボストンマリッジ」と呼ばれます）。1920年代にはニューヨークなどにレズビアンコミュニティが誕生します。

一方、この頃、ドイツの精神科医、マグヌス・ヒルシュフェルトは「第三の性」について研究をはじめます。そして、同性愛を異常性愛と見なし、精神病の一種として治療しようとする当時の性科学に異を唱え、「科学的人道委員会」「性科学研究所」を設立し、刑法175条（同性愛禁止法）の撤廃を目指しました。史上初めて「性」が科学的研究の対象となり、セクシュアリティという概念が（ホモセクシュアル＝同性愛者という概念も）誕生したのです。しかし、精神科医による同性愛者や異性装者というカテゴライズは、のちにそうした人々が異常だとか病気であると見なされることにもつながりました。そしてナチスは性科学研究所を破壊し、何万人もの同性愛者を収容所で虐殺……歴史上類を見ない悲劇が起こったのです。

第２次世界大戦が終わり、男女平等や公民権運動が進んでもなお、依然として同性愛は違法であり、同性愛者は差別されたままでした。前述しましたが、「コンピュータの父」であり、第２次世界大戦の英雄であったアラン・チューリングが同性愛のかどで逮捕され、ホルモン治療を強制され、自殺に追い込まれるという悲劇も起こりました。アメリカでは、軍務を終えたゲイやレズビアンが都市部に集まってコミュニティをつくり始めましたが、1950年代にはマッカーシズムが吹き荒れ、共産主義者と共に同性愛者も迫害にあいました。1960年代に入っても、ゲイバーにはときどき警察が踏み込み、逮捕されたゲイやレズビアンは新聞に名前が載り、職を失うという、ひどい状況でした。ゲイの美術品コレクターの家に警察が押し入り、同性愛的と思われる作品が焼かれるということもありました。

9-3.「ストーンウォール事件」

そんななか、1969年６月末、ニューヨークで「ストーンウォール事件」が

起こりました。

　ゲイに絶大な人気を博していた女優ジュディ・ガーランド（代表作は『オズの魔法使い』。そこから「オーバー・ザ・レインボー」がLGBTのプライドパレードで演奏されるようになりました）が亡くなり、彼女の葬儀が行われた６月28日の夜、ニューヨークのグリニッジ・ビレッジ近くのゲイバー「ストーンウォール・イン」に何百人ものゲイが集まり、彼女の死を悼んでいました。日付が変わった1時半頃、「ストーンウォール・イン」に警察の捜査が入り、ゲイたちは「よりによってこんな日に！」と憤り、それまでさんざんいやがらせをしてきた警察への恨みを一気に爆発させ、「ゲイ・パワー！」と叫びながら、手元の瓶や石を投げつけ、通りのパトカーをひっくり返しました。１人のレズビアンがパトカーに連行されそうになりましたが、彼女も「ゲイ・パワー！」と叫び、勇敢にその手を振り払いました。警官は応援隊を要請しましたが、いつの間にか数千人ものゲイが店の周りに集まり、抵抗しました。こうして、３日間にわたって警察と衝突する大暴動がはじまったのです。

　この「ストーンウォール事件」の数週間後、ニューヨークのゲイシーンは根底から生まれ変わりました。「ゲイ解放戦線」「ゲイ運動家連合」「ヒューマン・ライツ・キャンペーン」といった組織が次々に立ち上がり、警察によるゲイバーへのいやがらせの実態が明らかにされていきました（すでに1966年、ゲイバー営業は合法化されていたので、法的根拠のないいやがらせだったのです）。「ゲイ解放戦線」は州議会や連邦議会にはたらきかけ、全州におけるゲイやレズビアンの保護を要求しました。そして同じような運動がヨーロッパやカナダ、オーストラリアなどにも広がっていきました。今日につながるゲイ解放運動が幕を開けたのです。

　ストーンウォール事件から１年が経った1970年６月末、ニューヨークでストーンウォール１周年を記念するデモとして、世界で初めてのプライドパレードが行われました。その後、ゲイ（をはじめとする性的マイノリティ）の解放運動における象徴的なイベントとして、アメリカ全土に、そして世界中

にパレードが広がっていきます。プライドパレードはゲイ＆レズビアンの権利を求める運動（デモ）としてスタートしましたが、たとえば同性婚がすでに認められているような国であっても、コミュニティのお祭りとして毎年開催されています。日本でも、両方の意味合いをもったお祭りになっています。

9-4. オープンリー・ゲイの議員が誕生

　1978年、ゲイであることを公にしているハーヴェイ・ミルクがサンフランシスコ市政執行委員に当選したことで、世界初のオープンリー・ゲイの議員が誕生しました。彼は、市の同性愛者権利法案の制定や、州の同性愛者の教師を解雇できるようにする条例の破棄に尽力しました。

　サンフランシスコの活動家たちは、この年のプライドパレードをより盛大な、コミュニティのパワーを示せるようなものにしたいと考え、ギルバート・ベイカーというアーティストに性的マイノリティのシンボルのデザインを依頼しました。そこから現在でも使用されている赤、オレンジ、黄、緑、青、紫の6色によるレインボー・フラッグが誕生しました（それぞれの色には「命、癒し、太陽、自然、芸術、精神」という意味が込められています）。

　映画『ミルク』でも描かれている通り、ハーヴェイ・ミルクは前市議ダン・ホワイトによって1978年11月27日に市庁舎でジョージ・モスコーニ市長とともに射殺され、ゲイ解放運動の殉教者として伝説的な存在になりました。1999年には「タイム誌が選ぶ20世紀の100人の英雄」に選出され、2009年にはオバマ大統領によって民間人に与えられる最高位の勲章「大統領自由勲章」が授与され、2012年にはカリフォルニア州によってミルクの誕生日である5月22日が祝日になりました。

　ミルク以後も、多くのLGBTが性的指向や性自認をオープンにして議員になり、LGBTが生きやすい社会の実現を目指して活動しています。有名なのは前パリ市長のベルトラン・ドラノエと、ベルリン市長のクラウス・ヴォーヴェライトです。また、2009年、アイスランドのヨハンナ・シグルザルドッ

ティルは、世界で初めて同性愛者であることをオープンにしている首相となり、また2010年、パートナーと結婚し、世界初の同性婚をした国家首脳となりました。

9-5. 同性婚の合法化

　同性婚は、2000年にオランダで初めて合法化され、ベルギーやカナダ、スペイン、南アフリカなどがそれに続きました。同性婚の前段階としての同性パートナー法（異性の結婚の一部またはほぼ同等の権利を同性カップルにも認める登録法）が認められていた国々も次々に同性婚ができるようになり、現在は（アメリカやメキシコなど一部の州で認められている国をのぞくと）世界で20カ国にのぼります（2015年5月末現在）。

　男女の夫婦と同様に結婚や子育ての権利（養子縁組）が認められると、ゲイ、レズビアン、バイセクシュアルにとってはいちおうの平等の達成を見たということが言えますが、たとえば同性婚が認められた国であってもいまだにヘイトクライム（憎悪犯罪）が起きていたり、学校でのいじめがあったり、さまざまな課題を抱えています。ホモフォビアにはそれだけ根深いものがあるのです。

9-6. 初の「性転換」手術

　トランスジェンダーについては、1950年代にクリスティーン・ジョーゲンセンがアメリカ人として初めて男性から女性への「性転換」手術を受け、日本を含め世界中でニュースになりました（それ以前にも手術を受けた人はいましたが、ジョーゲンセンは初めてメディアの注目を集めたのです）。そして1960年代、アメリカでトランスセクシュアリティが注目を浴び、研究センターが立ち上がりました。80年代には、アメリカ精神医学会によってトランスセクシュアリズムの一区分として「Gender Identity Disorder（性同一性障害）」という診断カテゴリーが定義されました。当事者の一部は、精神科

医が病気や障がいとして扱うトランスセクシュアルの概念に異論を唱えるようになり、1990年代に異性装者のヴァージニア・プライスがトランスジェンダーという言葉を用いるようになりました。

9-7. 欧米以外の同性愛

　欧米以外の地に目を向けてみましょう。古代エジプトやインド、中国、マヤなどでも同性愛が見られたと言われています。古代中国では女性同士の関係も記録されています。メキシコのフチタンのように、有史以来、同性愛者がまったく差別されることなく暮らしてきたという町もあります（ちなみにフチタンは母系社会です）。ニューギニアなどでは、男性同士の性行為が通過儀礼となっている部族社会もあります。

　また、古くから「第三の性」として社会に受け容れられている異性装の人たち（主に女装した男性）が各地にいました。ネイティブ・アメリカンの「ベルダーシュ」（この呼び方は植民地時代の蔑称で、現在ではTwo-Spiritと呼ばれます）は、部族の最高会議で助言者の役を務め、占い師、預言者、語り部、ヒーラー（治療師）としても活躍しました。南インドのヒジュラは、アウトカーストな存在であり、聖者としてヒンドゥー教の寺院で宗教的な儀礼に携わったりしていました。タイのカトゥーイ（日本で言うニューハーフ）も有名です。

LGBTの日本史

10

　日本は欧米に比べ、LGBTに寛容な国だと言われてきましたが、おそらくその理由には、日本人が異性装、ことに女装が大好きだからということもあるでしょう。三橋順子氏は著書『女装と日本人』（講談社刊、2008年）において、ヤマトタケルの女装を端緒に、古代日本の女装した巫人（シャーマン）、王朝時代の稚児、中世の持者、江戸時代の陰間（かげま）……と現代まで連綿と続く女装の系譜を検証しながら、日本文化の基層に「性を重ねた双性的な特性が、一般の男性や女性とは異なる特異なパワーの源泉になるという考え方＝双性原理」があると述べています。

10-1.「男色」大国だった日本

　そのこととも深く関係しますが、かつて日本は世界に冠たる「男色」大国でした。有史以来、日本の歩みは男色とともにあり、日本の歴史は男色文化に左右されながら、時にはそれが原動力となって動いてきました。

　古代の豪族からはじまり、空海が唐から男色文化を持ち帰って以来、稚児を愛するライフスタイルが爆発的な広がりを見せ（稚児は「観世音菩薩の生まれ変わり」として崇拝され、僧侶の間では男色は神聖な儀式でした）、僧侶から公家、貴族、そして武士にも伝播しました。室町時代には喝食（かっしき）と呼ばれる美少年がもてはやされ（足利義満と世阿弥が有名）、戦国時代には武将が小姓を寵愛し（織田信長と森蘭丸をはじめ、ほとんどの武将が小姓を抱えていました）、やがて「衆道」へと至ります。「衆道」は念者と若衆の愛と忠節によって成立する崇高な男の契りであり、ちょうど古代ギリシアのように、少年を庇護し、立派な武士に育て上げる（軍の団結を強化する）意味合いももっていました。

日本の男色は、政治をも大きく動かし、独自の文化を花開かせ、日本的美意識とあいまって「衆道」と呼ばれる武士の人生哲学となり、江戸時代には若衆歌舞伎という一大娯楽産業（そして色子、陰間という売色のシステム）も誕生しました。この時代、色道の極みは男色と女色の二道を知ることだと言われ、陰間茶屋が栄えました。陰間の中には女形を目指して女装した者もいました。稚児などもそうですが、美少年はしばしば女装もしており、男色は現代とは異なり、擬似異性愛的なものでした。日本の男色史は女装史と不可分なものだったのです。

10-2. 明治以降〜現代

　明治維新以後も「衆道」の名残りが薩摩藩などを中心に見られ、大正時代まで続きました。しかし、明治政府は、江戸以前の男色の文化を封建的な江戸の奇習、西南日本の悪習（それに影響された学生の悪習）、「文明」に対する「野蛮」として周縁化しました。富国強兵・殖産興業の国策の下、どんどん同性愛者は生きづらくなり、戦時中は「非国民」と呼ばれ、弾圧されました。

　戦後、待ってましたとばかりに同性愛者や女装者が活動をはじめますが、三島由紀夫の「禁色」に描かれているように、まだアンダーグラウンドなものであり続け（歴史の教科書も男色を隠蔽し続け）、ほとんどの同性愛者は偽装結婚を余儀なくされました。それでも、女装したママのゲイバーやブルーボーイのショークラブ、二丁目のゲイバー街ができ、丸山明宏（美輪明宏）のようなタレントが登場し、ニューハーフやミスターレディがメディアを賑わせるようになり、というかたちで次第に世間に浸透していきました（その後もカルーセル麻紀、おすぎとピーコ、ピーターらをはじめ、現在のマツコ・デラックスに至るまで、数多くのオネエタレントが活躍してきました）。

　そんななか、1971年に東郷健がゲイであることを公にして参議院選挙に出

馬し、世間の注目を集めました。同じ頃、全国に流通する初のゲイ雑誌『薔薇族』が誕生しました（以後、『バディ』など、さまざまなゲイ雑誌が刊行され、90年代には初のレズビアン雑誌も創刊されました）。1970年代末には「スネークマンショー」というラジオ番組で大塚隆史（造形作家、バー運営）がゲイについてのポジティブな情報を発信し、ゲイ解放運動がスタートしました。同時期に「若草の会」というレズビアンのサークルも誕生しました。しかし、1980年代、エイズにまつわるゲイに対するひどい偏見が蔓延し、運動も停滞してしまいます（そんななかでも国際レズビアン＆ゲイ連盟日本支部の南定四郎が電話相談などコミュニティ支援活動を行っていました）。

　1991年、前述のように伏見憲明が『プライベート・ゲイ・ライフ』を発表し、翌年には掛札悠子が『「レズビアン」である、ということ』（河出書房新社刊、1992年）を発表、メディア上で「ゲイブーム」が到来しました（1995年の笹野みちるのカミングアウトも鮮烈なインパクトを与えました）。

　また、1991年、「動くゲイとレズビアンの会（アカー）」が東京都の府中青年の家で他団体からいやがらせを受け、対応を申し入れたところ、「同性愛者の施設利用は今後お断りする」と拒絶されたことに対し、東京都を相手どり、裁判を起こしました。1994年に全面勝訴し（判決文では「従来同性愛者は社会の偏見の中で孤立を強いられ、自分の性的指向について悩んだり、苦しんだりしてきた」と述べられ、異性愛者も同性愛者も同列に扱われるという画期的なものでした）、1997年の控訴審でも勝訴しました。

　1994年には南定四郎が日本初となる「東京レズビアン・ゲイ・パレード」を東京で開催、1996年からは札幌でもパレードが開催されるようになりました。2000年、東京レズビアン＆ゲイパレードと新宿二丁目のお祭り「東京レインボー祭り」が初開催され、ゲイコミュニティの成熟を見ました。以後、東京のパレードは断続的に、レインボー祭りは毎年開催され続けています。2003年、新宿二丁目にコミュニティセンターが開設され、HIV予防の拠点として大きな成果を見せました（大阪や名古屋、福岡などにも開設）。また、名古屋では、2001年から「NLGR（Nagoya Lesbian&Gay Revolution）」とい

うHIV検査と野外フェスティバルを組み合わせたイベントを開催してきています。

　2003年にはトランスジェンダーであることをオープンにして世田谷区議に立候補した上川あやが当選、性同一性障害特例法の成立にも貢献しました。2005年には大阪府議の尾辻かな子がレズビアンであることをカミングアウト、2007年には参院選比例区に立候補し、LGBT選挙としてメディアにも大々的に取り上げられましたが、落選しました（2013年に繰り上げ当選し、日本初のオープンリー・レズビアンの国会議員となりました）。2011年には、オープンリー・ゲイの石川大我と石坂わたるがそれぞれ豊島区議、中野区議に当選しました（石川は2013年、社民党党首戦に立候補。また、2014年の衆院選で東京比例ブロックの社民党単独1位候補となりました）。

　こうしてLGBTの政治家が世に出ていったことをきっかけに、NHK教育テレビ（現Eテレ）の番組でも、2008年から『ハートをつなごう』でたびたびLGBT特集が組まれるようになりました。また、一般企業がパレードに協賛するようになったり、内閣府が後援して「性的マイノリティを理解する週間」が開催されたり、LGBTの抱える社会的課題が世間に認知され、支援が得られるようになっていきました。

　2012年には元宝塚の東小雪とパートナーの増原裕子が日本で初めて同性カップルとして東京ディズニーリゾートで結婚式を挙げ、世間の注目を集めました（p240参照）。そして2015年2月、東京都渋谷区が同性カップルを「結婚に相当する関係」と認め、パートナーシップ証明書を発行する条例案を発表。にわかに世間で同性パートナー法や同性婚をめぐる議論が盛り上がりを見せました。一部団体や政府与党はこの条例案に反対しましたが、3月31日の区議会で賛成多数で可決され、条例が成立。日本で初めて、公に同性パートナーの権利が認められることとなりました（東アジアでも初の快挙です）。

　2015年11月5日、渋谷区と世田谷区で同性カップルがパートナーであることを誓う証明書の発行が始まりました。また、兵庫県宝塚市、沖縄県那覇市、三重県伊賀市なども同性パートナーシップ証明に向けて動き始めました。

同性愛の世界地図

11

　西欧や北米、中南米、オセアニアでは同性婚または同性パートナー法が認められている国もありますが、中東やアフリカ、東欧では、まだ同性愛者を弾圧する国がたくさんあります。近年、この二極化が進みつつある一方で、日本をはじめとする東アジア・東南アジアでは、ひどい差別もないが保護する制度もない、という状況が続いています。（口絵p6、7参照）

■ヨーロッパ

　西欧や北欧諸国は、いち早く同性婚や同性パートナー法を認めてきており（北欧ではすべての国でOKになりました）、EUも同性愛者の権利を認めるよう加盟国に求めるなど、世界一先進的な地域になっています。

　一方、ロシアが2013年に反同性愛法（公に同性愛を表明することを禁止するもの）を施行して弾圧を強めています。ウクライナなど旧ソ連諸国でも同様の法律を導入する動きがあります。

　チェコなど東欧の国々、スイスなど中欧の国々では、同性パートナー法を認めるようになってきています。

■アメリカ

　北米ではカナダが2005年同性婚を認めています。アメリカでは今も州ごとに裁判が行われていますが、2015年5月現在、37州と首都およびグアムで同性婚が認められているほか、同性愛差別が法的に禁じられています（憎悪犯罪防止法など）。

　中南米ではアルゼンチン、ウルグアイ、ブラジル、メキシコの首都で同性婚できるようになりましたが、ジャマイカなど西インド諸島の国々では厳しい状況が続いています。

■**アジア**

　日本や台湾、香港、タイ、ベトナム、ネパールなどではLGBTの権利擁護がある程度進み、比較的自由な生き方ができるようになっています。

　インドやシンガポールなど、植民地時代の名残であるソドミー法が撤廃されず、いまだに同性愛が違法とされている国もあります。

　中東やブルネイでは同性愛者が投獄されたり厳罰に処される可能性があり、イランでは同性愛者が処刑されるという悲劇も起こっています。

　イスラエル（地理的にはアジアでありながら、政治的にはヨーロッパの飛び地と化しています）は、アジア地域で最も進んでおり、同性パートナーにも男女の夫婦と同等の権利が与えられつつあります。

■**アフリカ**

　アフリカは全体として同性愛者が生きづらい地域になっています。

　ナイジェリアでシャリーア（イスラム法）によって同性愛者が処刑される可能性が出てきました。エジプトなどイスラム圏の国々では、逮捕・投獄が相次いでいます。

　ウガンダのように、キリスト教原理主義の影響で同性愛者を迫害するようになった国もあります。

　そんななかでも、例外的に南アフリカ共和国だけがアパルトヘイト撤廃後に同性婚も合法化しました。

■**オセアニア**

　ニュージーランドで同性婚が認められ、オーストラリアもそれに続こうとしている状況ですが、それ以外の太平洋諸国では、いまだに違法な国が多くなっています。

◎**同性婚が認められている国や地域**

> オランダ、ベルギー、ルクセンブルク、スペイン、ポルトガル、ノルウェー、スウェーデン、フィンランド、アイスランド、デンマーク、フランス、イギリス（イングランド、ウェールズ、スコットランド）、アイルランド、スロベニア、カナダ、アメリカ（マサチューセッツ州など37州＋ワシントンD.C.＋グアム）、メキシコ（メキシコシティ、キンタナ・ロー州）、アルゼンチン、ウルグアイ、ブラジル、南アフリカ、ニュージーランド、オーストラリア（首都特別地域）

◎同性パートナー法が認められている国や地域

ドイツ、イタリア（トスカーナ州など8州）、アイルランド、イギリス（北アイルランド）、スイス、オーストリア、アンドラ、チェコ、メキシコ（コアウイラ州）、イスラエル、オーストラリア

◎同性愛は建前上合法だが、同性愛者であることを公に表明することを禁じる法により、事実上の弾圧が行われている国や地域

ロシア、ウクライナ（ロシアと同様の法の導入を検討中）

◎同性愛が違法となっている国（法が形骸化し、実際には罰せられない）

シンガポール、インド、スリランカ、ブータン、ナミビア

◎同性愛が違法となっている国（逮捕・投獄され、懲役刑に処せられる可能性がある）

マレーシア、ブルネイ、ミャンマー、アフガニスタン、バングラデシュ、パキスタン、モルジブ、シリア、アラブ首長国連邦、クウェート、レバノン、オマーン、パレスチナ、カタール、トルクメニスタン、ウズベキスタン、アルジェリア、エジプト、リビア、モロッコ、チュニジア、ガンビア、ガーナ、ギニア、リベリア、セネガル、シエラレオネ、トーゴ、アンゴラ、カメルーン、ブルンジ、コモロ、エリトリア、エチオピア、ケニア、タンザニア、ウガンダ、ソマリランド、マラウイ、セイシェル、ザンビア、ジンバブエ、ボツワナ、レソト、スワジランド、西サハラ、パプア・ニューギニア、ソロモン諸島、キリバス、ナウル、パラオ、クック諸島、サモア、トンガ、ツバル、ベリーズ、アンティグア・バーブーダ、ドミニカ、グレナダ、ジャマイカ、セントクリストファー・ネイビス、セントビンセントおよびグレナディーン諸島、トリニダード・トバゴ、バルバドス、ギアナ

◎同性愛が違法となっている国（国外追放や終身刑、死刑などの極刑に処せられる可能性がある）

イラン、サウジアラビア、イエメン、スーダン、ナイジェリア、モーリタニア、ソマリア

（いずれも2015年5月現在）

❗ 行為する側の属性がどうであれ、受け取る側がいやだと感じることはセクハラです。一人のタレントについてはどう思うかはその人次第だと思いますが、その気持ちを同じ属性を持つ人すべての人に無意識に当てはめていないか、注意が必要です。

©ともさくら
『事業主・人事・法務のための職場におけるLGBT対応ワークブック』（虹色ダイバーシティ発行）より転載。

第2章

LGBT当事者アンケートで見る職場環境の現状

　第1章で、LGBTが決して異常でも病気でも（まして犯罪でも）ないということ、にもかかわらず、世間の偏見・無理解によって肩身の狭い思いを余儀なくさせられてきたということをご説明しました。
　第2章では、いよいよLGBTが「ありのままの自分」で働ける職場づくりについてお伝えしていきます。まず、この章では、LGBTを取り巻く職場環境の現状を概観します。

日本では、業種にもよりますが、職場でカミングアウトするLGBTの人たちはあまり多くはありません。職場でセクシュアリティのことを知られると、クビになったり、居づらくなったりするのではないかという不安があるからです。逆に言うと、職場が、LGBTに理解や共感を示し、受け容れる体制になっていないということを物語っています。

どんなに優秀な人材であっても、役職についているような人であったとしても、LGBTが働きづらい職場であれば、その会社を辞めてもっと働きやすいところ、たとえば外資系企業などに行こうと考えたりするものです。

では、実際にLGBTの人たちがこれまで仕事をするなかでどのように感じてきたのか、どんな悩みを抱えているのか、「特定非営利活動法人虹色ダイバーシティ」が1,000名以上のLGBT当事者およびストレート・アライに行ったアンケート調査の結果をもとに、お伝えしていきます。LGBTを取り巻く職場環境の全体像が浮き彫りになるはずです。

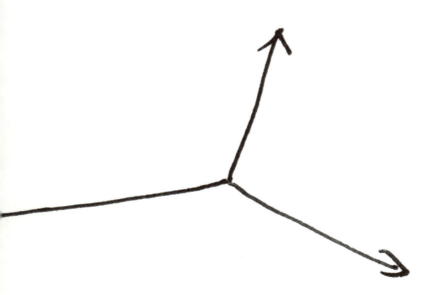

特定非営利活動法人虹色ダイバーシティ

　虹色ダイバーシティは、性的マイノリティがいきいきと働ける職場環境づくりを通じて、性的マイノリティとその支援者（アライ）のエンパワーメント、性的マイノリティが暮らしやすい社会づくりを目指す特定非営利活動法人。2012年、大阪で設立。現在、常勤スタッフ2名、非常勤スタッフ15名で活動し、大阪と東京に事務所を構えています。

　代表 ： 村木真紀

　主な実績は、以下の通り。

- LGBTに関する講演や研修会（企業、官公庁、一般向け）
- LGBTに関するコンサルティング（個別相談）
- 企業とコラボした啓発イベント
- 調査・研究 ： 職場環境に関するアンケート調査、企業担当者へのヒアリング
- メディア掲載 ： 新聞、ラジオ、テレビ、雑誌など
- 成果物 ： アンケート調査結果、性別移行ヒアリングシート、人権CSRガイドライン、その他啓発グッズ

【事務所所在地】

［大阪］
〒532-0023
大阪市淀川区十三東2-6-7徳島ビル2階　ダイバーシティラボ大阪内

［東京］
〒169-0051
東京都新宿区西早稲田2-3-18アバコビル5階
ダイバーシティ研究所　東京事務所内

【公式サイトURL】
http://www.nijiirodiversity.jp/

LGBTの職場環境に関する
アンケート調査2014

01

　村木真紀が代表を務める虹色ダイバーシティは、2013年からLGBTの職場環境に関するアンケート調査を実施しています。2014年度版のアンケート調査は、国際基督教大学 ジェンダー研究センター（CGS：Center for Gender Studies）との共同研究であり、化粧品メーカーの株式会社ラッシュジャパンの助成を受けて実施されました。Web上のアンケートフォームで回答するようになっており、2014年度は45日間で1,815人の参加がありました（途中までの回答者も含む）。

　日本では、行政／民間を問わず、LGBTの職場環境に関する大規模な調査はかつて行われたことがなく、この虹色ダイバーシティの調査が現時点で唯一の、貴重なデータとなっています。

　設問は全部で約30問。変数、切り口として【年齢】【性自認】【出生時の性別】【職場での性別】【性的指向】【就業状況】【日系／外資系】【都道府県】【雇用形態】【会社規模】【労働時間】【差別的言動】【アライ】【LGBT施策・実際】【カミングアウト】【業界】【業種】【パートナー関係】【年収】【学歴】を、職場環境として【やりがい】【ストレス】【勤続意欲】【転職回数】【ダイバーシティ意識】【LGBT施策・希望】【求職時の困難】【人間関係】について聞きました。

　アンケートの回答は、以下のような条件で集めています。

　回答に要する標準的な所要時間は15分〜20分。アンケートの対象者は、日本の職場で働いた経験のある人（アルバイトなとの非正規雇用も含む）。性的マイノリティの当事者も、当事者以外の方も回答可能。現在働いていない人は、直前の職場について回答。複数の職場をもっている人は、主な職場について回答。 現在の職場が海外の人は、直前の日本での職場について回

答。自由記載欄は2カ所あり、回答は任意、それ以外の項目は選択式。パソコン、スマートフォン、タブレット端末から回答可能。複数の人が同じ端末から回答するのはNGです。

回答者の属性の内訳を紹介します。
- 性的指向／性自認別で見ると、レズビアンが219人、ゲイが359人、バイセクシュアルが295人（うち女性が244人、男性が51人）、トランスジェンダーが368人（性的指向はさまざま）、そのほかの性的マイノリティが49人、非当事者が495人でした。
- 年代別で見ると、20代・30代が大半を占め、次いで40代・50代、10代となっています。
- 雇用形態で見ると、非正規雇用（パート、アルバイト、派遣など）の割合が平均よりやや高い傾向にあります。
- 年収で見ると、400万円未満の割合が平均よりやや高い傾向にあります。
- 学歴で見ると、大学進学率が平均を上回っています（FTMをのぞく）。

（以下、図2-1〜図2-5を参照）

図2-1　セクシュアリティ分類

	非当事者	当事者									
出生時	設問24で「当事者ではない」を選んだ人で分類しています。非異性愛者や、トランスジェンダーで「当事者ではない」を選んだ人も含みます。	女性			男性			女性		男性	
性自認		女性			男性			男性	X/他	女性	X/他
性的指向		シスジェンダー						トランスジェンダー			
		女性	両性性別問わない	その他	男性	両性性別問わない	その他	(※2)			
分類(※3)		レズビアン女性(※1)	バイセクシュアル女性	その他女性	ゲイ男性	バイセクシュアル男性	その他男性	FTM	FTX/他	MTF	MTX/他

(100%)

※1　今回は字数の都合上、「シスジェンダーレズビアン女性」を「レズビアン女性」などと表記します。
※2　トランスジェンダーには同性愛者、バイセクシュアルなどさまざまな性的指向を含んでいます。
※3　今回は就労についての調査であり、現状の社会においては、性的指向よりも出生時の性別が就労に大きく影響するのではないかという想定で、分析に当たっての分類を行いました。

© Nijiiro Diversity, Center for Gender Studies at ICU 2014

図2-2 年齢

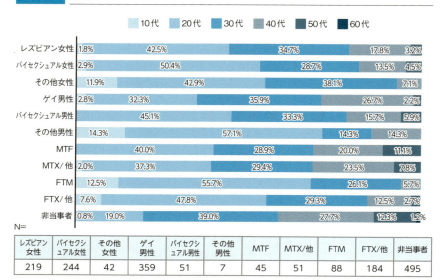

図2-3 雇用形態

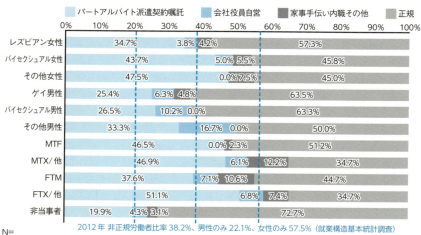

図2-4 年収

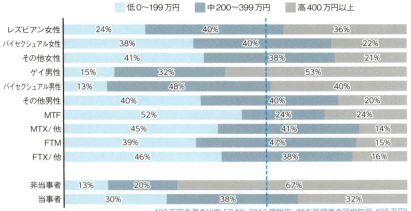

© Nijiiro Diversity, Center for Gender Studies at ICU 2014

図2-5 学歴

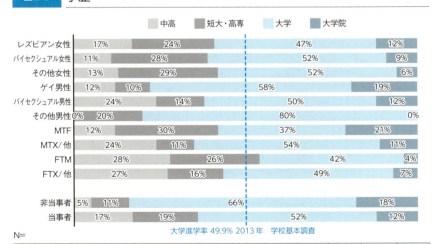

© Nijiiro Diversity, Center for Gender Studies at ICU 2014

第2章　LGBT当事者アンケートで見る職場環境の現状

求職時の困難

02

　ここからは、調査結果を個別の項目ごとに見ていきましょう。

　なお、この章でご紹介するデータはあくまで今回のアンケート調査に集まった声に関しての考察であり、今後さらなる調査で検証が必要です。過度に一般化はできないことをご留意ください。

　同性愛者（レズビアン、ゲイ）または両性愛者（バイセクシュアル女性／男性）、アセクシュアルなどその他のトランスジェンダー以外の性的マイノリティのなかで、セクシュアリティやパートナー関係に関連して、求職の際に困ること・難しいと感じることが「ある／どちらかといえばある」と回答した人は40％にのぼり、非当事者の８％を大きく上回っています。

　また、トランスジェンダーの場合、求職の際に困ること・難しいと感じることが「ある／どちらかといえばある」と回答した人は実に70％にものぼります。

　このデータは何を意味しているのでしょうか？

　トランスジェンダーの場合、見た目が履歴書・エントリーシートの性別欄に記入する戸籍上の性別や名前、経歴（男子校、女子校など）と異なっていることで、不利にはたらくのではないか、受けても採用されないのではないか、と不安を覚える人が多いのではないかと思われます。実際に、トランスジェンダーであることを明かしたことで内定を取り消されたり、面接で性別に関する話題のみをしつこく質問されたりした当事者もいます。そもそも、スーツでの就職活動は、男性、女性の服装がはっきり分かれているため、その苦痛から就職活動自体をあきらめてしまう人もいます。

　レズビアン、ゲイ、バイセクシュアルの場合、性的指向が職場で知られることになったら働けなくなるのではないかという不安から、求職時にもため

らいが生まれるのではないでしょうか。面接での会話が、異性愛を前提にした結婚や出産といった人生設計に及ぶと苦痛に感じる人、学生時代に打ち込んだLGBTのサークル活動等について、どうアピールしたらよいのかわからないという人もいます。

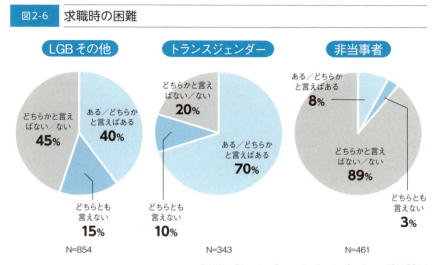

図2-6　求職時の困難

N=854　N=343　N=461

© Nijiiro Diversity, Center for Gender Studies at ICU 2014

村木's VOICE

- ハローワークに行って「LGBTが働きやすい会社はどこですか？」と聞いてもちゃんと対応できる職員さんはほとんどいません。就職情報誌にもLGBTが働きやすい職場の情報がないなか、LGBTにとっての就職活動は不安なものにならざるをえないのが実情です。
- 第4章で述べるように、2006年頃からLGBTの学生のための就職説明会が行われるようになってきました。2015年3月6日には、金融関係の企業の共同体「LGBTファイナンス」が主催する「LGBT学生のための金融業界セミナー」がトムソン・ロイター・マーケット株式会社で開催され、参加者約70名で満員になりました。
- トランスジェンダーへの配慮として、応募書類の性別欄を削除した会社もあります。ラッシュジャパンは2015年からスタートしました（第4章　p151参照）。

勤続意欲

03

　非当事者で「この会社で続けて働いていきたいと思う／やや思う」と回答した人が68％、「思わない／やや思わない」と回答した人が17％であるのに対し、性的マイノリティ当事者では、それぞれ50％、29％と、勤続意欲が低い傾向にあることがわかりました。

　一般的に、仕事にやりがいを感じられなかったり、職場の人間関係がよくなかったり、ストレスを感じることが多い職場だったりすると、勤続意欲が低くなり、離職につながりやすくなります。そこはLGBTだろうとそうでなかろうと変わらないように思われるかもしれません。

　しかし、働くLGBTの間で、非当事者に比べて勤続意欲の低さが見られるというのは、何かLGBTが「働きづらさ」を感じるような問題があるからではないでしょうか。

　次項以降、やりがい、人間関係、差別的言動、といった項目で、そのあたりを見ていきましょう。

LGBTの勤続意欲の低さは、職場の「働きづらさ」に関係していそうだね。

| 図2-7 | 勤続意欲 |

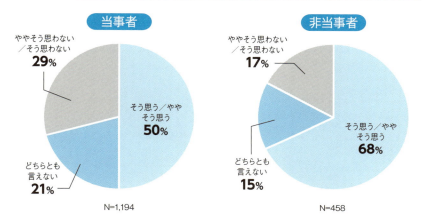

© Nijiiro Diversity, Center for Gender Studies at ICU 2014

▶勤続意欲に最もポジティブな影響を及ぼした項目は、「やりがいがあるかどうか」。次が「人間関係」でした。最もマイナスの影響を及ぼした項目は「差別的言動」でした。

やりがい 04

　非当事者で「仕事にやりがいを感じている」と回答した人が74％、「感じていない」と回答した人が13％であるのに対し、LGBT当事者では、それぞれ64％、19％と、やりがいを感じる人がやや少なめであることがわかりました。

　本来、仕事自体のやりがいは、LGBTだろうとそうでなかろうと、さほど変わらないはずです。しかし、データは両者の差異を示しています。やはりそこには、LGBTが「働きづらさ」を感じてしまうような問題を見てとることができるのではないでしょうか。人間関係が良好ではなかったり、差別的な言動が蔓延する職場であったりすると、同じ仕事をしていてもやりがいを感じられなくなってくるのかもしれません。

仕事にやりがいを見出せないLGBTが多いのは、特有の働きづらさがあるからでは？

図2-8　やりがい

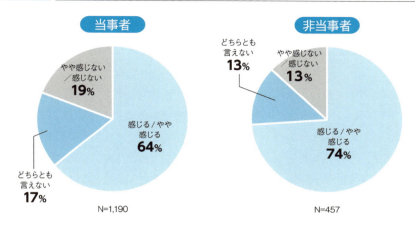

© Nijiiro Diversity, Center for Gender Studies at ICU 2014

▶「やりがい」に最もポジティブな影響を及ぼした項目は「人間関係」でした。人間関係が良いと「〇〇さんのためにも、頑張ろう」という気力がわきますよね。

人間関係　05

　非当事者で「職場の人間関係が良好／やや良好である」と回答した人が75％、「やや悪い／悪い」と回答した人が9％であるのに対し、LGBT当事者では、それぞれ66％、12％という結果になりました。

　このデータから見てとれるのは、LGBT当事者のほうが、職場の人間関係が良好だと感じる人がやや少なめであるということ、逆に悪いと感じる人がやや多めであるということです。

　本来、人間関係がよいか悪いかということはだいたい同じように見えるはずなのに、こうした差異が表れるというのは、非当事者には感じられないがLGBTにとっては決して良好ではない何かがあるということです。

　一方、「意外とLGBTも職場の人間関係に満足しているんだな」と思う読者もいるかもしれません。

　この調査は、今働いている職場（または直近の職場）についてのアンケートですから、実は、問題のある（働きづらさを覚える）職場からはすでに離れ、「ここならやっていけるかな」と思える職場で働いている人もいるという可能性もあります。

図2-9　人間関係

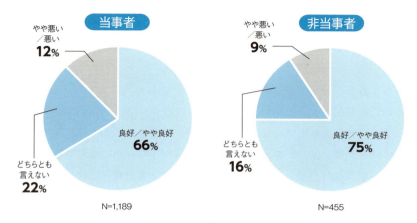

© Nijiiro Diversity, Center for Gender Studies at ICU 2014

- ▶人間関係に最も影響を及ぼしているのは「勤続意欲」、そして「やりがい」でした。逆にマイナスの影響を及ぼしているのは「差別的言動」でした。
- ▶人間関係が良好な職場だと感じられる場合には、アライ（理解者、支援者）がいて、カミングアウトできる人も多い。カミングアウトが受け容れられると、プライベートな会話もできて、さらに人間関係が良くなる、勤続意欲ややりがいも高まる。ポジティブなサイクルが生まれるのです。

差別的言動　　06

　非当事者で「職場で差別的言動がある」と回答した人が44％、「ない」と回答した人が56％であるのに対し、LGBT当事者では、それぞれ70％、30％と、その違いが浮き彫りになりました。

　このデータは、誰かが差別的なことを言ったりやったりしている、そういう言動を見聞きしながら非当事者は特にいやだ、差別だとは感じていないということが往々にしてあるということを物語っています。

　職場でカミングアウトしていないLGBT当事者も多いのですが、そういう人たちが、同僚の発したなにげない一言に傷ついたり、いやな思いをしたりすることはとても多く、そうしたことの積み重ねが、人間関係や仕事のやりがい、勤続意欲に悪影響を及ぼすと言えそうです。

　第3章で、どういった言動が差別的と感じられるのか、その具体的な事例を紹介しますので、そちらもあわせてご覧ください。

図2-10　差別的言動

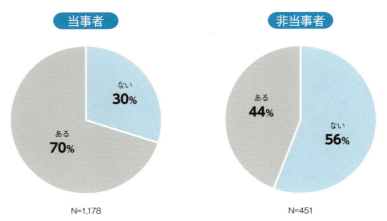

© Nijiiro Diversity, Center for Gender Studies at ICU 2014

村木's VOICE

▶当事者と非当事者の感覚の違いが目立ちます。2015年のアンケートを現在集めていますが、現時点では「何をセクハラと感じるか」という設問では、たとえば「結婚や子どもについて聞くこと」「好きな芸能人や異性のタイプを聞くこと」などについて、当事者はセクハラだと感じるが非当事者はそれほどでもないという違いが出ました。

▶差別的言動は、直接的に従業員の誰かについて言うだけではなく、TVのオネエタレントなどの話題として、特定の誰かを指したものではない言動でも、当事者はいやだと感じる人が多いのです。こうした話題が出ると、やはりこの会社では自分のことは言えないと思ってしまいます。

▶また、発言した本人だけでなく、そうした発言を許している空気、組織に対して失望を覚えることも多々あります。当事者が、自分が攻撃されるのを避けるために、いっしょになって笑ってしまうこともありますが、その後に後悔したり、自己嫌悪に陥ります。これはとてもつらいことです。

▶企業の担当の方は「訴えがないからうちはセクハラなんてない」と思っているかもしれませんが、ほとんどの職場で何らかの差別的発言は見られます。当事者は、自分がそうだと言うことで差別を受けるのを恐れ、訴えることすらできないのが実情なのです。

▶アンケート調査から、「差別的言動を見聞きした時に感じたこと」として書かれていたことを紹介します。「ショックだった」「悲しい人だなと思う」「尊敬できない」「非常に苦痛」「仕方がない」「不安がつきまとう」「疲れる」「古い会社」「不快感」「動揺した」「複雑な気持ち」「生きづらいと思う」「あってはならない」「常に転職を考えている」「窮屈だと思う」「疎外感を感じる」「心に壁をつくる」「バレないようにしなければと思う」「もう慣れてしまった」……。職場で差別的な言動があるということは、従業員が日常的にこうした思いを抱えているということです。放置してよい話ではありません。

職場内の支援者　07

　LGBTに理解・共感を示し、支援してくれるような人（アライ）が職場内にいるか？　という設問に対し、LGBT当事者の57％が「いない」と回答していることがわかりました。非当事者のほうが「いる」と回答した人が多いのですが、それは、このアンケートに回答した非当事者の多くがすでにアライだからだと考えられます。

　アライがいないということは、職場内でLGBTが直面する働きづらさについて相談できる人が誰もいない、ある意味、孤立無援の状態にあるということを意味しています。同僚の誰にもカミングアウトしたり相談したりすることができない、そういう人が6割近くにのぼるという今の状況は、大きな問題だと言えます。

　では、職場内にアライを増やしていくには、どうしたらよいのでしょうか？　第3章以降で詳しく紹介します。

図2-11　アライ（支援者）

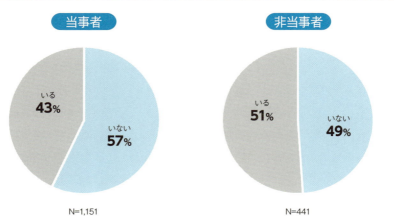

© Nijiiro Diversity, Center for Gender Studies at ICU 2014

- 社内にアライがいると、カミングアウトしやすくなり、当事者のストレスも減り、社内の人間関係がよくなります。
- LGBT施策を進める上で、アライの存在は非常に重要です。当事者が訴えても「あなたのわがままなんじゃないの」と言われることがありますが、アライの立場から「同僚のために」と言ってもらったほうが、通りやすいのです。今LGBT施策を行っている会社で中心となって進めているのは、ほとんどがアライです。
- 今アライになっている人は、身近にLGBTがいたという人が多いです。他人事ではなく、身近なこととしてやってくれているのです。
- 職場内でアライをどう増やすのかは、世界的にも注目されています。サンフランシスコで開催された「アウト・アンド・イコール」というLGBTの職場環境に関する会議でも、アライに関する話が多く出ました。

職場に支援者が誰もいないと回答したLGBTが57%も。大きな問題ですね。

LGBT施策の実施

08

　これまで社内でLGBTへの理解・共感を促すような施策が実施されてきたか？　という設問に対し、「何の対応もない」と回答した当事者が、レズビアン、ゲイ、バイセクシュアルで68％、トランスジェンダーで58％にのぼりました。

　非当事者では36％と少なめなのですが、その理由は前項で述べた通りです。

　実施されてきた施策の内訳を見ると、「性同一性障害者への配慮」がやや高く（トランスジェンダーは12％が「あり」と回答）、「社内規定で差別禁止が明文化されている」「同性パートナーを配偶者として扱う」「相談窓口が開設されている」「LGBTAの職場内グループがある」「職場内で啓発イベントが行われた」「職場外でのLGBTイベントに協賛した」「LGBT市場に参入している」がそれぞれ数％となっています。

　社内でのLGBT施策とはどういうものなのか、具体的にどう進めていけばいいのか、といったことについては、第3章以降で紹介します。

図2-12　LGBT施策・実際

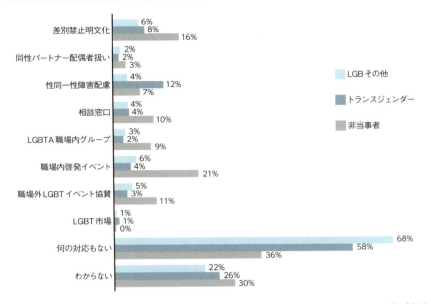

© Nijiiro Diversity, Center for Gender Studies at ICU 2014

▶これまで実施されてきた社内LGBT施策としては、外資系企業では差別禁止規定を設けたり、トップが差別禁止のメッセージを出したりするところが多いのに対し、日系企業では個別に性同一性障害者への配慮をしているところが比較的多い傾向にあります。

どのようなLGBT施策が望まれるか

09

　前項は、これまで実施されてきた社内LGBT施策について尋ねる設問でしたが、ここは、どのようなLGBT施策の実施を希望するか？（実施してほしいこと）という聞き方になっています。この設問に対する回答のうち、トランスジェンダーでは「性同一性障害者への配慮」が最も高く（74％）、レズビアン、ゲイ、バイセクシュアルでは「同性パートナーを配偶者として扱う」が最も高く（64％）なりました。

　そのほか、「社内規定で差別禁止を明文化」（T56％）、「職場内で啓発イベントを行う」（LGB41％、T45％）、「職場外でのLGBTイベントへの協賛」（LGB34％、T33％）、「相談窓口の開設」（LGB30％、T35％）、「LGBTAの職場内グループの設立」（LGB24％、T30％）、「LGBT市場への参入」（LGB22％、T26％）となっています。

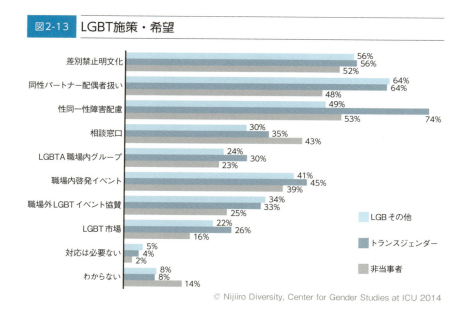

図2-13　LGBT施策・希望

© Nijiiro Diversity, Center for Gender Studies at ICU 2014

今までLGBT施策に取り組んだことのない会社には、当事者も非当事者も比較的希望する人が多い、「差別禁止の明文化」が最初の１歩としてはオススメかもしれません。

　「同性パートナーを配偶者として扱う」と言われても、日本ではまだ同性婚は法的に認められていないのだし、企業として何をすればいいのだろう？と思う方もいることでしょう。これについても第３章以降で紹介します。

村木's VOICE

- 差別禁止規定については、外資系ではグローバルで適用される規定にすでに入っている（本国の規定が日本の支社にも適用されている）ところも多かったりします。日系企業では、まだ事例は少ないですが、CSRの人権の項目として会社がLGBTの人権も守るべきだと言っているところ、従業員の行動基準として従業員は守らなければいけないというところ、ダイバーシティの宣言のなかで言及されているところ、サプライヤー規定に入っているところなどがあります。可能であれば全部に入っているのが望ましいと思います。
- 同性パートナーへの福利厚生の適用については、法定ではない部分、たとえば結婚祝い金など、一部だけ配偶者扱いする企業が出てきたという感じです。
- 性同一性障害者への配慮としては、会社のポリシーというよりは、訴えてきた従業員に対応するというかたちで進むところが多いようです。ただ、理解ある上司や人事担当にあたればきちんと対応してもらえますが、理解がない人にあたることもあり、やはり個人への対応ではなく、企業としてしっかり対応する必要があると思います。
- LGBTイベントへの協賛は当事者には望まれている施策です。たとえ社内でカミングアウトできなくても、自社が協賛してくれるとうれしい、誇りに感じるという当事者は多いのです。カミングアウトできずにいる社員を励ますという、大事な効果をあげていると思います。
- 非当事者があったらいいと思う施策と当事者が実際に希望する施策がちょっとずれるケースもあります。相談窓口がいい例です。カミングアウトのハードルの高さを考えれば、さもありなんという感じです。
- 多くの企業で最初に取り組みやすいのが、人事の研修、差別禁止規定と協賛かもしれません。
- トランスジェンダーが、性別移行のタイミングで会社を辞めたり辞めさせられたりすることが多く、切実な問題になっています。性別移行してもOKですよと社内でアナウンスしておくことが大切です。

職場でのカミングアウト

10

　職場でカミングアウトしているか？　という設問に対しては、トランスジェンダーのほうがカミングアウトしている割合が高い傾向にあることがわかります（MTFで69％、FTMで56％）。これは、トランスジェンダーが見た目でそうだとわかってしまう場合があり、就職の際もカミングアウトの必要に迫られるケースが多いからだと思われます。

　一方、LGBの場合も、レズビアン43％、バイセクシュアル女性28％、ゲイ40％、バイセクシュアル男性33％と、カミングアウトしている人が決して少なくないことがわかります。仲のいい同僚にはカミングアウトしているという人、上司には話しているという人、全社的にカミングアウトしている人など、さまざまです。ほとんどの人は一部の信頼できる人にカミングアウトしているだけで、全社的にという人はごく少数だと思われます。

　実際問題としては、このアンケートに回答しているのは、ある程度職場での問題に意識の高いLGBTであり、職場でのカミングアウト率も高めに表れていると予想されます。全国に数百万人はいるはずのLGBT（人口の５％〜７％）のうち、職場でカミングアウトしている人は本当にわずかであると考えられます。職場どころか誰にもカミングアウトできず、意思に反した異性との結婚を選択せざるをえない人などもまだまだ多いのです。

　先にも述べた通り、差別的言動がまかり通るような職場では、LGBT当事者がとてもじゃないけどカミングアウトできない、もしカミングアウトしたら、クビになったり、職場にいづらくなったりするに違いないと思うのは当然かもしれません。

図2-14 カミングアウト

	レズビアン女性	バイセクシュアル女性	その他女性	ゲイ男性	バイセクシュアル男性	その他男性	MTF	MTX/他	FTM	FTX/他	当事者計
誰にもしていない	2%	10%	48%	0%	12%	40%	0%	0%	1%	2%	5%
友達にしている	94%	83%	41%	93%	85%	60%	93%	91%	95%	94%	90%
家族	57%	36%	10%	49%	39%	0%	81%	67%	81%	50%	51%
職場	43%	28%	7%	40%	33%	20%	69%	49%	56%	30%	39%
その他でしている	10%	16%	21%	17%	15%	20%	38%	37%	21%	20%	18%

N=

レズビアン女性	バイセクシュアル女性	その他女性	ゲイ男性	バイセクシュアル男性	その他男性	MTF	MTX/他	FTM	FTX/他	当事者計
186	184	29	291	33	5	42	43	78	141	1032

© Nijiiro Diversity, Center for Gender Studies at ICU 2014

村木's VOICE

▶『シティリビング』2014年11月7日号では、「あなたの職場にLGBTであることをオープンにしている人はいますか？」という質問に「Yes」と回答した人が4.4%だったというデータが掲載されていました。一般的にはそのくらいのカミングアウト率なのだろうと思います。

▶前々回のアンケートでは、カミングアウトしている場合は、していない場合と比べて、人間関係がいいと答える人も悪いと答える人も多い傾向がありました。カミングアウトして人間関係がよくなることも悪くなることもあり、ある意味、カミングアウトが「賭け」になっている現状があります。

▶職場だけではなく、社会全体でのサポートも大事です。職場だけが突出して寛容になるとは考えにくいですね。

▶トランスジェンダーが性別移行するとき、全社員にカミングアウトしなければ、と思う人もいます。しかし、周囲の人が知っていてサポートできれば問題ないと思います。どこまでカミングアウトするかの範囲に関しては、ご本人の意向を聞いて検討してください。

▶バイセクシュアルのカミングアウト率が低いのが特徴的です。時に、レズビアンやゲイよりも孤立した状況に置かれることもあり、カミングアウトしづらい何か特有の問題を抱えているのではないかと思います。

LGBT施策の有無と
ダイバーシティ意識浸透度の関係

11

　ここからは、ある設問の回答の結果がほかの設問の回答結果にどのように関連しているか、といった観点から見えてくることについて紹介していきます。まずは、「LGBT施策の有無とダイバーシティ意識浸透度」です。

　社内でLGBTへの理解・共感を促すような施策の実施が「ある」と回答したLGBT当事者は、「ない」と回答した人たちに比べ、「この会社では女性や障がい者などに関するダイバーシティ意識が浸透している」と感じる率が30ポイント以上も高くなっています（「この会社はダイバーシティ意識が低い」と感じる率も30ポイント低くなっています）。

　LGBT施策に取り組んでいる会社は、女性や障がい者など、ほかのイシューにもしっかり取り組んでいる会社だと言えるのではないかと思います。

　社内でのLGBT施策とは具体的にどのようなものなのかについては、第3章以降でお伝えしていきます。

図2-15　LGBT施策×ダイバーシティ意識

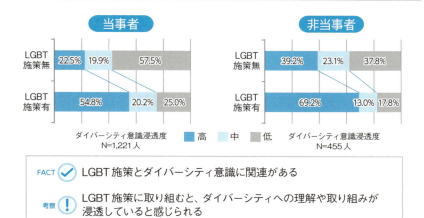

© Nijiiro Diversity, Center for Gender Studies at ICU 2014

> **村木's VOICE**
>
> ▶「女性が働きやすい職場」ランキングで上位に入っている会社は、LGBT施策を行っている会社と共通します。ダイバーシティの専任部署があると、女性施策だけでなく、LGBTにも取り組みやすいようです。人事の人が片手間でダイバーシティをやっているとか、ほかの業務の担当者がボランタリーでやっているとかですと、女性問題だけで手一杯になってしまい、なかなかLGBTまで手が回らないようです。
>
> ▶ダイバーシティ意識が高い職場は、差別的言動も少なく、人間関係ややりがいにもポジティブな影響を及ぼします。

ダイバーシティ意識浸透度と勤続意欲の関係

12

　「ダイバーシティ意識が高い会社だ」と感じているLGBT当事者の71.7％が「この会社で働き続けたい」と回答しており、「ダイバーシティ意識が低い」と感じる会社で働く人（38.5％）よりも33ポイントも勤続意欲が高くなっていることがわかりました。
　「03 勤続意欲」の項でLGBT当事者の回答は「働き続けたい」が50％、「そう思わない」が29％だったことをあわせて見ると、会社がダイバーシティ意識が高い、すなわち、多様な人材への配慮があるかどうかということが勤続意欲の高低に強くかかわっていることがわかります。

　多くの人にとって、勤続意欲を左右するのは主に給与であったり労働条件であったりすると思いますが、LGBTやその支援者であるアライにとっては、LGBT施策があり、ダイバーシティに関する意識が高い会社かどうかということも、とても大きい要因になるのです。
　また、この傾向は非当事者にとっても同様であるという結果になっていることが、たいへん興味深いところです。LGBT施策は一部の当事者だけにメリットがあるわけではないのです。

図2-16 ダイバーシティ意識×勤続意欲

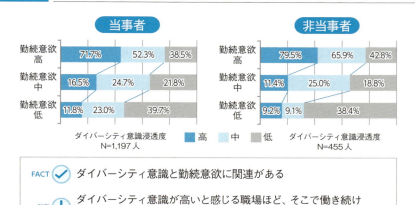

FACT　ダイバーシティ意識と勤続意欲に関連がある

考察　ダイバーシティ意識が高いと感じる職場ほど、そこで働き続けたい人が増える

© Nijiiro Diversity, Center for Gender Studies at ICU 2014

LGBT施策があり、ダイバーシティ意識が高い職場なら、勤続意欲も高まるんだね。

支援者（アライ）の有無とカミングアウトの関係

13

　職場にアライ（理解者、支援者）がいるLGBT当事者で、カミングアウトしている人は43％、いない人は57％ですが、アライが誰もいない場合は、それぞれ11％、89％と、大きな開きがあります。

　「10　職場でのカミングアウト」でカミングアウトしている人（LGBT当事者の平均）は39％でした。もし、誰もLGBTを支援する人がいない状況であればカミングアウトできる人は1割ほどで、アライが現れることで周囲にカミングアウトできるようになる人が増えていくのかもしれません。

　ここで言うアライとは、相談窓口が設けられていたり、人事部などがLGBT施策を実施していてLGBTに理解がある人たちがいると信頼できる状況にあるということ、または、カミングアウトした結果、受け容れて理解を示してくれた人がいるということを想定しています。

　当事者にとって、職場にアライがいるかどうかは、とても重要です。アライがいればカミングアウトしやすくなりますし、また、カミングアウトした結果、アライになってくれる人がいれば、とても心強いのです。

　しかし、アライがいるかどうかわからない状況でカミングアウトすることにはリスクが伴います。勇気を出してカミングアウトしたとしても、相手が理解を示さず、敵意をもって振る舞うようになれば、かえって事態を悪化させることになるかもしれないからです。

図2-17 アライの有無×カミングアウト

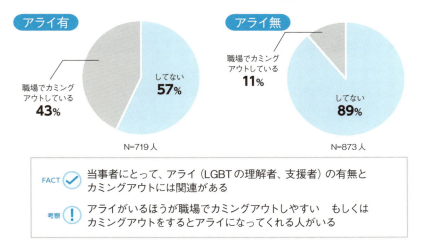

© Nijiiro Diversity, Center for Gender Studies at ICU 2014

第2章 LGBT当事者アンケートで見る職場環境の現状

カミングアウトと
勤続意欲の関係

14

　職場でカミングアウトしている人で勤続意欲が高いと回答した人は57.4％であるのに対して、誰にもカミングアウトしていない人の場合は46.5％と、10ポイント以上の差異が見られました。

　職場で仲のよい同僚などにカミングアウトし、それが受け容れられたり、LGBT施策によって信頼できるアライが見つかった時なども、その人にカミングアウトしつつ相談したりできますので、「この職場で働き続けたい」という意欲が高まります。また逆に、「この職場で働き続けたい」と強く思っている人は、たとえアライが誰もいなくても、カミングアウトしようとするかもしれません。

　それから、カミングアウトしているのに、勤続意欲が低い人のなかには、もしかしたら、カミングアウトがうまくいかず（相手が理解を示さず）、悩んでいる人もいるかもしれません。

　いずれにせよ、カミングアウトと勤続意欲の間には強い関連があるということが言えるでしょう。

図2-18　カミングアウト×勤続意欲

	高	中	低
カミングアウト有	57.4%	19.0%	23.6%
カミングアウト無	46.5%	21.9%	31.6%

勤続意欲度　N=1,197人

FACT ✓ 職場で誰かにカミングアウトしていることと当事者の勤続意欲に関連がある

考察 ! この職場で働き続けたいと思うと、カミングアウトする。あるいは、カミングアウトしてそれが受け容れられると、この職場で働き続けたいと思う

© Nijiiro Diversity, Center for Gender Studies at ICU 2014

村木's VOICE

▶某スーパーに勤務する MTF トランスジェンダーが、望む性別に合った名前を書いた名札をつけて接客することを認めてもらえて、とてもやる気が出たというエピソードが寄せられています。また、同僚にカミングアウトしてから、いっしょにランチや飲み会に行けるようになり、人間関係が良好になったという話もありました。

差別的言動と勤続意欲の関係

15

　職場でLGBTに対する差別的言動が見られると回答した人のなかで、勤続意欲が高い人は46.8％、低い人は31.8％ですが、差別的言動はないと回答した人では、それぞれ58.3％、21.9％と、約10ポイントの差異が見られます。

　これは、LGBTを差別するような言動が日常的に見られる（何の対策もされていない）ような会社では、ずっと働こうとは思わないということではないかと思います。

　注目すべきは、非当事者であっても、同じように感じていることです。しかも、数値はより顕著に表れています。

　LGBTに関する差別的言動は当事者でなくても不快なものであり、誰かを攻撃するようなストレスの高い職場であることの証左であるように思います。

　差別的言動とは、学校だろうと家庭だろうと職場だろうと、出てくるものです。しかし、大勢の社会人が仕事をするような場所において、差別的言動が放置されるというのは許されるものではありません。欧米ではたとえCEOだろうとクビになります。そういう言動が出てきたときにどう対応するか？　が問われると思います。そのあたりのことについては、後述します。

図2-19 差別的言動×勤続意欲

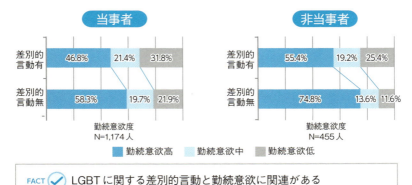

当事者 (勤続意欲度 N=1,174人)
- 差別的言動有：46.8% / 21.4% / 31.8%
- 差別的言動無：58.3% / 19.7% / 21.9%

非当事者 (勤続意欲度 N=455人)
- 差別的言動有：55.4% / 19.2% / 25.4%
- 差別的言動無：74.8% / 13.6% / 11.6%

凡例：■勤続意欲高　■勤続意欲中　■勤続意欲低

FACT LGBTに関する差別的言動と勤続意欲に関連がある

考察 非当事者も含め、差別的言動がない職場のほうが、勤続意欲が高くなる（差別的言動は、当事者でなくとも、不快なものなのでは？）

© Nijiiro Diversity, Center for Gender Studies at ICU 2014

村木's VOICE

▶差別的言動としてどんなものが多いかテキスト分析すると、いわゆる「オネエ系」に関するネタが非常に多いことがわかりました。転職回数で見ると、ゲイ男性、MTFトランスジェンダー、MTXトランスジェンダー（p31、32参照）が多かったのですが、それはオネエ系への差別的言動が多いことと関係があるのかもしれません。

望む性別で働けているかどうかと勤続意欲の関係

16

　自認する性別（自身を男性だと思うか女性だと思うか、あるいはどちらでもないと思うか）と同じ性別で働くことができている人で、勤続意欲が高い人は56％。そうでない人に比べ、8ポイント高い値になっています。

　自認する性別（自身の望む性別）で働くことを受け容れる、トランスジェンダーに理解のある職場では、長く働き続けたいと思える、勤続意欲が高まるということが言えるでしょう。

図2-20　職場での性別×勤続意欲

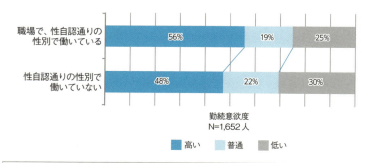

FACT　職場で性自認と同じ性別で働いている人のほうが、そうでない人に比べて、勤続意欲が高い傾向にある

考察　望む性別で働くことを受け容れられる職場では、長く働き続けたいと思う

© Nijiiro Diversity, Center for Gender Studies at ICU 2014

> 村木's VOICE
>
> ▶性自認がXという人（MTXトランスジェンダー、FTXトランスジェンダー）も日本ではけっこう多いと思います。職場では服装や更衣室、トイレなど、男女ではっきり分かれているものがとても多いので、そういう人たちが自認する性別で働くのは難しい、という問題があります。Xの人には職場での性別が男女の2つしかないことが苦しい。特有の困難があるのです。

トランスジェンダーの人にとって、自身の望む性別で働けるかどうかは本当に大事なことなんだ。

LGBT施策の効果を考える

17

　これまで見てきたデータを総合し、虹色ダイバーシティでは、以下のような仮説を導き出しました。

　まず、会社としてLGBT施策を実施すると、ダイバーシティへの意識が高まり（図2-21）、ダイバーシティ意識が高まると、職場での差別的言動が減り、人間関係が良好になり、やりがいも感じられるようになり、勤続意欲が高まります。

　また、ダイバーシティ意識が高まると、支援者（アライ）が増え、アライに相談できるようになることで当事者のストレスが減り、当事者がカミングアウトしやすくなり、勤続意欲が高まります。

　人間関係がよくなるとカミングアウトしやすくなる、あるいは、アライが増えると人間関係がよくなるという相乗効果も生まれます。

　それから、カミングアウトする当事者が増えれば、社内でのLGBT施策へのフィードバックも可能になり、ますますよい影響を与えることができるようになります。

　LGBT施策を実施することで、上記のような好循環が生まれるのです。上記で、「当事者の」と限定していない部分は、非当事者についても同様の関連がありました。つまり、LGBT施策は5％の当事者に限らず、ほかの人の職場環境に関してもプラスの効果がある、と言えるのではないかと思います。

図2-21　LGBT施策の効果

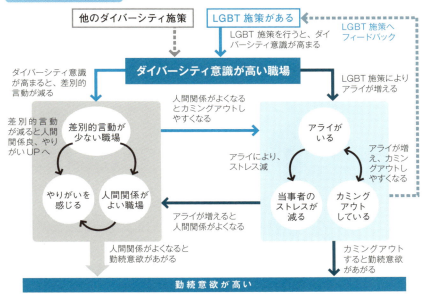

© Nijiiro Diversity, Center for Gender Studies at ICU 2014

▶ ある企業のダイバーシティ部門の人が、「LGBT施策をやると、女性施策に関するブレイクスルーにもなる」と言っていました。女性とは？　男性とは？　と分けて考えると男女ともに反感を覚える人がいて、女性施策がなかなか進まない、と。しかし、LGBT施策を実施すると、男性にもこういう人がいる、など、より「個」で考えられるようになるそうです。LGBT施策が、LGBT以外の施策にも効果があるのであれば、またひとつLGBTに取り組む理由が増えるのではないでしょうか。

村木's VOICE

※今回の調査では、職場全体の話と個人の話があります。「ダイバーシティ意識が高まる」や「差別的言動が少なくなる」といった表現は、「職場全体」に対して言えることであり、個人レベルの話ではないことにご注意ください。
※矢印の向きは虹色ダイバーシティの考察です。データから言えることはあくまで「関連がある」ということにとどまります。
※「関連がある」というのは虹色ダイバーシティとCGSの共同研究における関連性の分析の結果、統計的に有意な関連性が見られたということです。

第3章

LGBTが職場で抱える10の課題

　第2章では、LGBTへのアンケート調査結果を紹介し、働くLGBTが職場でどのように感じているかをデータから分析しました。第3章では、どんな差別や問題があるのか、もう少し詳細に、具体的な事例を見ていきながら、企業としてどのような対応ができるのか、考えてみたいと思います。なお、事例の収集にあたっては、認定NPO法人グッド・エイジング・エールズ（p14参照）のワークチームの協力を得ました。

※第3章で挙げる事例は、個人情報保護のため、年代などを特定しにくいかたちで書いています。

LGBTと職場の人間関係

01

　LGBT当事者が傷つくような言動が職場で横行しています。言った本人には悪気がないかもしれないし、その場を盛り上げようといった軽い気持ちからかもしれませんが、これは不快に思う人もいるということを認識しなければなりません。

差別の事例

　以下、LGBT差別にあたる言動の事例を紹介します。

● 未婚者へのからかい

〈男性従業員に対して〉

「なんで結婚しないの？ 彼女いないの？」としつこく聞く

「あの人、なかなか結婚しないけど、もしかしてこっち（手の甲を頬にあてて）じゃないの？」と噂する

〈女性従業員に対して〉

「○○さんって結婚しないの？ 子どもは考えてる？」と聞く

「どんな人がタイプなの？ 芸能人では誰？」としつこく聞く

「○○部署の××さんは独身だよ」とおすすめする

● 男らしさ／女らしさの押しつけ

〈男性従業員に対して〉

「男なんだから、これくらいやれるだろ？」とキツい仕事を強要する

「お前それでも男か！」と怒鳴る

〈女性従業員に対して〉

お茶くみを強要される（しなくてはいけない空気になっている）

「○○さんってイマイチ色気ないよね。化粧とかもうちょっと女らしくしてみたら？」

「ちょっと髪の毛長いんじゃないか？ 切っちゃえよ」と強要する

「たまにはスカートはいたら？」と言う

〈その他〉

男性はスーツ、女性は制服（スカート）と決まっており、自身の望む性別ではない服装を強要される

餞別が男性：ネクタイ、女性：スカーフと決まっている

バレンタインに義理チョコを配らなくてはいけない（男性はホワイトデーにお返しをしなくてはいけない）

● オネエっぽい人への蔑視

お昼どき、テレビに出ていたオネエタレントを「キモい」などとネタにして盛り上がる

顧客のしぐさがオネエっぽいと噂する

会社の宴会で女装したりオネエタレントの真似をしたりして笑いをとる

● LGBTに関する言動

「あの人、男？ 女？ どっちかわからないね」と性別を詮索する

「レズってエロいよね」などとポルノ方面で言及する

「あいつホモなんだって？ 俺、襲われちゃう」とふざける

「別にゲイでもいいけどさ……まさかエイズじゃないよね？」と言う

「これだからオカマは……」と仕事の能力的なところと結びつける

「うちの職場にはLGBTなんていないよね」と存在を否定する

採用試験時にLGBTかどうかを尋ねる（もし該当するようであれば、採用しない）

> **改善のポイント**
> - カミングアウトしている人がいないからといって、その場にLGBTがいないとは限りません。
> - 職場には「男性」と「女性」しかいない（いてはいけない）という先入観を取り払ってみましょう。
> - 恋愛は「男性」と「女性」がするものだという先入観を取り払ってみましょう。

理解することからはじめよう

　お気づきだと思いますが、前述の前半の事例はいわゆる「セクハラ」と呼ばれるものと同じです。男女間でのセクハラをなくすだけでも、LGBTにとってよりよい職場になるのです。まずは男女間のセクハラをなくす、というのもひとつの手です（セクハラについては、第5章で詳述します）。逆に、LGBT差別のない職場になれば、おのずと女性も（そのほかのマイノリティの人も）働きやすい職場になるはずです。

　たとえ男女平等が進んだとしても、LGBTへの理解がなければ、当事者にとってはツラい職場です。性的指向が同性や両性に向く人、性自認が身体・戸籍上の性別と異なる人たちがいるということを職場の人みんなが理解できるよう、周知に努める必要があります。

　ある会社では、人事部でLGBT研修を実施しました。それを聞いた当事者の社員は「うれしかった。当分カミングアウトするつもりはなかったけど、人事部の人には相談できるかなと思えました」と語っていました。

　また、ある会社のトランスジェンダーの人は、性別適合手術のために休暇を申請したら、人事部が健康保険組合にかけあってくれて、傷病手当金が給付されたそうです。

　社内で研修が行われたり、社内規定にLGBT差別禁止規定が盛り込まれたり、といったところまで進むには、ある程度の時間がかかります。そこまでいかなくても、職場内に1人でも理解者・支援者（アライ）がいるだけで、

当事者にとっては励みになります。まずは、個人でできることからはじめてみましょう。

　以下のチェックリストを参考にしてみてください。

※再確認になりますが、第1章で述べたように、「レズ」「ホモ」「オカマ」「オナベ」「おとこおんな」などは差別語にあたるとされています。できるだけ「レズビアン」「ゲイ」「同性愛者」「バイセクシュアル」「両性愛者」「トランスジェンダー」「性同一性障害」「性的マイノリティ」「セクシュアルマイノリティ」「LGBT」などと言い換えるように心がけましょう。

LGBTの理解者・支援者（アライ）になるために

- [ ] LGBTの基礎知識を同僚や家族に話してみましょう
- [ ] 自分のSNSアカウントでLGBTについて発信してみましょう
- [ ] 「ふつう」や「常識」という言葉を疑うクセをつけましょう
- [ ] 未婚者やシングルの人を茶化さないようにしましょう
- [ ] 「彼氏／彼女、旦那／奥様」ではなく、「恋人、パートナー、つれあい」など、性別にかかわらず使える言葉を使うように心がけましょう
- [ ] 職場のなかの男女の区別を片っ端から見直してみましょう
- [ ] LGBTのイベントに参加してみましょう
- [ ] 職場や家庭にLGBTの本を置いてみましょう
- [ ] LGBTが登場する映画やドラマを観てみましょう
- [ ] 休日は、人目を気にせず自分らしいファッションでお出かけしてみましょう
- [ ] 好きな人や好きなことを、思いっきり好きになって、そのことを誇りに思いましょう
- [ ] ほかの人の「好き」も大切にしましょう

LGBTの相談窓口

02

　アンケート調査では、約6割のLGBTが、LGBTに理解・共感を示し、当事者を支援してくれるような人（アライ）が職場内にいないとしています（第2章 p96参照）。

　現状、社内にLGBTのための相談窓口が設けられているところは少ないため、支援者がいないと感じ、周囲にカミングアウトすることもなかなかできず（第2章 p102参照）、いわば孤立無援の状態にあるLGBTが多いのです。

当事者の声

- LGBTを笑いものにするような発言が日常的に横行している職場で、とてもじゃないけど自分がそうだとは言えず、また、社内に差別禁止規定や対応部署もなく、だんだんこの職場にいるのがいやになってきた……。（30代バイセクシュアル男性）

- 「あの人、本当はレズだったりして？」「結婚してないけど、もしかして……？」などといった心ない噂が耳に入ってきて、周囲とのコミュニケーションがうまくいかなくなり、不安がつのり、心療内科に通うように……。（20代レズビアン）

- 仲のいい同僚にカミングアウトしたら、翌日には職場中に噂が広まっていて、面と向かって「お前、ホモなんだって？」と言われて。仕事にも身が入らず、そのうち「いじめ」がはじまり、とうとうそこで働き続けることができなくなった。（30代ゲイ）

どう対応すればよいのか

● **企業として**

- 職場内で何かLGBT差別的なことが問題になった時、人事部でもいいですし、そうでなくてもいいのですが、どこかに「LGBTが相談できる窓口」があることで、当事者が心身を壊したり離職したりしなくてもすむようになります。

- ある日系企業では、ほかの社員が当たり前に受けられる相談窓口などのサポートを、LGBTも受けられるように調整しました。もちろん、そこに至るまでには、担当者への研修など、理解と共感を促すステップがありました。

- ある日系企業では、人事部がLGBT研修を受けたことを社内ニュースに掲載したところ、すぐに数人の当事者から相談があったそうです。

- また別の企業では、産業医、産業カウンセラーが、当事者からの相談を受けやすいよう、相談室にレインボーカラーの小物を置き、イントラネットの相談窓口のページにLGBTの基礎知識を掲載するようになりました。

● **個人として**

- もし、同僚からカミングアウトを受けたら、まずは落ち着いて受け止めてください。第三者に無断で広めたりはしないようにしてください。そしてできれば、あなたがその人にとってのよき「相談窓口」になれるよう、努力してみてください（前項のチェックリストが参考になります）。「自分には荷が重すぎる……」と感じる場合は、本人に確認してから、会社の担当部署につないでもいいと思います。

> **改善のポイント**
> - LGBTにも対応できる窓口を設けておくことで、当事者が安心したり、会社への信頼を高めたりということにつながります。
> - 当事者にとっては「秘密のこと」という意識が強いことが多いため、プライバシー保護に十分気をつけましょう。

LGBTと福利厚生

03

　家族手当（公務員であれば、金額も決められています。事実婚であっても認められます）、忌引、結婚祝い金などの福利厚生を利用することができないLGBT当事者は、「しょせん自分は……」という報われない感情をつのらせ、会社への帰属意識をもちにくくなります。

当事者の声

- 周囲の同僚たちは次々に結婚し、たくさんのご祝儀をもらえるだけでなく、会社からも結婚祝い金が支給されているのを見るにつけ、パートナーがいても結婚することができない（パートナーが同性であることも言えない）自分はなんて報われないんだろう……という思いがつのる。（40代ゲイ）

- 長年同居しているパートナーが急病になったとき、あるいはパートナーの家族が亡くなったとき、それを理由に会社を休むことができず（正当な理由と見なされない）、とても悲しくなる。（30代レズビアン）

- パートナーがいても家族手当ももらえない、会社が保有する社宅や保養所もパートナーは利用できない、など、会社の福利厚生のあらゆるところで同性のパートナーが排除されていることに、不満が高まる。（30代バイセクシュアル女性）

どう対応すればよいのか

- 確かに現在の日本では、法的には同性パートナーは家族とは認められていませんが、欧米がそうであったように、まず企業が、同性パートナーも社

員の家族であると認めることはできます。

- たとえば、ある外資系企業では、結婚祝い金の支給対象を事実婚や同性カップルにも拡大するという対応を行いました。実際に結婚式を挙げて、祝い金をもらうことができたゲイカップルもいます。

- また、ある金融系企業では、ゲイの社員がパートナーといっしょに社宅に入ることを許可していませんでしたが、人事部が柔軟に対応してくれて、同性パートナーも入居できるようにしてくれた、という話もあります（そのゲイの社員とは、本書の著者の1人である柳沢正和です）。

- ある日系企業では、レズビアンの従業員のカミングアウトを受けて、就業規則を全面的に見直し、「パートナー届け」を事前に提出した人については結婚休暇、育児・介護休暇を同性パートナーにも認めることにしました。

改善のポイント

- 法律は同性愛を禁じてはいませんし、同性パートナーの扱いについては何も規定されていません（法整備が遅れているだけ、と言えます）。
- 従業員のパートナーが異性だろうと同性だろうと、本来は平等だという認識のもと、柔軟に対応してもらえれば、当事者も喜びますし、ほかの従業員も「うちはいい会社だ」と思えるのではないでしょうか。
- 福利厚生は、会社ごとに決められる（自由度が高い）部分も多いですから、可能な限り、同性パートナーを異性パートナーと平等に扱えるよう、何ができるか考えてみてください。
- 当事者を「特別扱い」するわけではなく、異性がパートナーである人なら当たり前に受けられるものを、同じように提供するという意識で取り組むのがよいと思います。福利厚生は本来、従業員が健康で気持ちよく働き続けるためにあるものです。それが一部の従業員には適用されないということが問題なのです。

LGBTと社会保障

04

　会社員（国民年金の第2号被保険者）に扶養されている配偶者（第3号被保険者）の保険料は、厚生年金または共済組合から拠出されます。また、労働者の健康保険における被扶養者も、配偶者の保険に入ることができます。しかし、同性パートナーはこれらの制度を利用できず、排除されています。

　欧米では同性婚や同性パートナー法が認められて、こうした不平等が解消されつつあります。

当事者の声

- 職場でのストレスが原因でうつを発症して離職し、現在専業主夫状態となっている同性パートナーがいる会社員のAさん（30代ゲイ男性）。本当はパートナーを扶養したいところですが、法律上、配偶者と認められないため、それは叶わず……。経済的な不安がAさんに重くのしかかります。

- 最近結婚した同僚は、パートナーの社会保障も会社に面倒を見てもらって、とても幸せそう。それに比べて自分は同性のパートナーと「結婚」している状態なのに、それぞれに保険料を負担しなければいけないため、ギリギリの生活を余儀なくされている、と不満をこぼすBさん（40代バイセクシュアル女性）は、会社がパートナーのことを家族と認めてくれたらいいのに……と歯がみしています。

どう対応すればよいのか

- 欧米の企業のなかには、国が同性婚を認める以前から、LGBTの社員に対

して社内でのドメスティック・パートナー制度（p253参照）を認め、同性のパートナーであっても男女の夫婦と同様の医療保険を適用する企業があり、これが当事者の「見える」化につながり、同性婚の法制化を後押ししました。その国の法律で配偶者扱いにできない場合は、それでその従業員が不利になる分をすべて会社が負担するようなかたちで支給しているところもあります。自社がよりリベラルな制度を従業員に与えているということ、いかにダイバーシティを重要視しているかということを社会にアピールするため、そして、ドメスティック・パートナー制度を認めることにより、仕事の生産性も上がり、優秀な社員を引き留めておけるからです。

改善のポイント

- 日本の社会保障制度（労災保険の遺族保障部分、健康保険、国民年金）に関しては、残念ながら職場の裁量がほとんどありません。
- 外資系の会社では、その国の従業員が不利になる分の差額を会社がまるごと負担するかたちで従業員に支給する会社もあります。そこまでして平等の実現に努力しているのは、「コスト」というよりは、よい人材を獲得するための「投資」だという意識があるためです。
- すぐに対応するのは難しいかもしれませんが、少しでも従業員の負担感、不平等感を軽くするために、職場としてできることを考えてみましょう。

同性カップルの家族について 05

　LGBTの人で、戸籍上同性であるパートナーと共に暮らし、事実上「結婚」している、家族をもっている人はたくさんいます（子どもを育てているカップルもいます）。パートナーの親兄弟とも親しくして家族同然につきあっている人もいます。そうしたなかで、パートナーが病気で入院しても、休暇の申請ができず、付き添うことができなかったり、パートナーの親兄弟が亡くなっても忌引をもらえなかったりということが、LGBTには深刻な問題になっています。パートナーがつらいときにそばにいることができない苦しさ、無力感は、仕事にも悪影響を及ぼします。

当事者の声

- 前夫との間に子どもがいる女性と「結婚」しており、彼女の子どもを実の子のように育てている。子どもが苦労して通った高校を卒業する日がやってきて、ハレの姿をどうしても見に行ってあげたいが、会社はそんな理由で休みをくれるはずもなく、もう「親族の葬式」といった休む口実も見当たらず、途方に暮れている。（40代レズビアン）

- パートナーの実家で、パートナーの母親とも長年同居し、すでに家族のようになっている。ある日、パートナーが海外出張している間に、パートナーの母親が倒れた。今自分が病院に連れて行かなければ命にもかかわる事態だが、会社にはそのように言うことができず、仕方なく自分が急病で、という嘘をつくしかなかった。（50代ゲイ）

- パートナーの親が要介護状態になったが、パートナーは仕事が忙しく、対応できない。自分は比較的時間に余裕のある仕事なので手続きにあたるこ

とになったが、介護休暇が取れなかったので、その年の有給休暇を全部使い切ってしまった。(40代レズビアン)

どう対応すればよいのか

- まずは、当事者の従業員が本当のことを言って会社に相談できるような体制をつくること。LGBTに理解のある職場であれば、もしものときにスムーズに対応できるでしょう。
- 社員の同性パートナーを家族として認めること。そのうえで、同性パートナーの親兄弟や子どもについても親族として認めるよう、社内で調整を。会社の制度とまではならなくても、特例として認めるような了解が社内で得られれば、当事者の社員も安心して家族のケアができるはずです。

> **改善のポイント**
>
> - LGBTにもパートナーの親と交流があったり、子育てをしたり、「家族」生活を営む人が増えています。
> - 忌引や家族関係の休暇は、その職場で気持ちよく働き続けるために、LGBTの従業員にも必要なものです。LGBTも対象にすることはできないか、考えてみましょう。
> - よりインクルーシブ（包括的）な対応として、家族関係の休暇を全廃し、代わりに全従業員に初年度から20日と法定より多い有給休暇を付与する会社もあります。これはLGBTだけでなく、ほかのさまざまな事情を抱えた従業員にとってもありがたい制度だと思います。

LGBTのキャリア設計

06

　日本の企業で出世するのは「結婚して家庭を持っている男性社員」だという不文律があります。LGBTの従業員は、ストレートの同僚に負けないくらい実績を挙げ、キャリアを積み、実際は結婚同然のパートナーがいたとしても、「独身」（あるいは「変わり者」）とみなされ、それとなく出世コースから外されたり、遠方への単身赴任のターゲットになったり、ということがあるようです。

　LGBTの従業員も、「自分は初めから出世は望んでないから」とアウトサイダー的に振る舞ったり、あえて「変わり者」を演じてみたり、そのうち会社を離れたり、という場合もあります。職場がLGBTフレンドリーになれば、長期的なキャリアプランが描けるようになるのではないでしょうか？

当事者の声

- 体育会系でお堅い職場なので、自分みたいな軟弱なタイプは、いくら仕事をがんばってもここで出世することはないな、と悟った。家と会社の往復みたいな生活を4年続けて、結果もちゃんと出したけど、上司からのパワハラまがいなシゴキにも疲れたし、結婚の圧力もスゴいし、結局やめてしまいました。（大手企業に勤めていた20代ゲイ）

- 社内では一目置かれるポジションにまで行ったけど、まず女性であるという時点でハードルがあり、それ以上の昇進は望めない雰囲気だった。まして同性愛者だとバレたら……。どれだけがんばったとしても、先がないのだとしたら、仕事への情熱も冷めるというもの。（30代レズビアン）

- 毎年のキャリア面談で、結婚の予定を聞かれている。退職するつもりはな

いが、毎年ウソをつくのにも疲れてしまった……。（20代レズビアン）

どう対応すればよいのか

- 人事部は、結婚して家庭をもっている男性に限定せず、能力があり、実績を挙げている従業員は、どんどん登用することを意識してみましょう。その人の性別、性的指向、性自認にかかわらず、能力や実績で公平に評価する風土をつくりましょう。
- キャリアプランを考えるときは、異性愛、シスジェンダーではない人もいることに配慮しましょう。
- 社内でLGBTについての研修を行ったり、差別禁止規定を盛り込むなどのLGBT施策を進めるうちに、LGBTの従業員も職場でのキャリアプランを長期的に考えられるようになるでしょう。

> **改善のポイント**
> - その仕事、その役職は、本当に「結婚している男性社員」でなければ務まらないものなのかどうか、いま一度考えてみましょう。
> - LGBTが働きやすい職場、長く勤めたい職場をつくらないと、当事者が長期的なキャリアプランを描くことができません。キャリアプランの有無は現在の仕事への意欲にもつながります。

キャリアのロールモデルが
いないという現状

07

　日本でゲイやレズビアンが表に出てくるようになったのは1990年代、LGBTコミュニティの成熟を見るのは2000年代に入ってからのこと。自分の性的指向をオープンにして働くオフィスワーカーの姿が見えるようになったのは、ごく最近のことです。職場の同僚や上司でカミングアウトして活躍している人がいる確率は限りなく低く、したがって、ほとんどのLGBTには、キャリアのロールモデルと呼べる人がいません。

当事者の声

- 職場を見渡すと、上司や同僚のほとんどは、結婚して家庭をもっている（ストレートであろう）人たちばかり。仕事はきちんとやっているものの、自分がこの会社で出世していくとは思えない……。せめて堂々とゲイとして活躍している人が社内にいれば、未来予想図も描けるのですが……。（日系大手企業で働く35歳ゲイ）

- 今の日本で、企業でバリバリ活躍するレズビアンの人っているんでしょうか？　私は将来、男性と結婚なんて絶対しないし、ずっと働いていくつもりだけど、いったいどんな職種でどんな可能性があるのか、まるで見えない。夢を思い描けないんです。（就職活動中の21歳レズビアン）

どう対応すればよいのか

- 社内研修や制度改定はできたとしても、ロールモデルとなるような人物が現れるとは限りません。LGBTは人口の5％〜7％ですので、従業員が多い会社なら、ほぼすべての職場にいるでしょうが、カミングアウトは強制

できません。しかし、本書で述べているようなLGBT施策に取り組んでいくなかで、また、ほかの企業との交流などを通じて、見えてくるものがあるはずです。

- 外資系企業や日系のグローバル企業の一部には、LGBTの従業員グループがあり、会社も支援しています。

- 就職を希望する人に対して、LGBT施策が進んでいれば、「現状は全社的にカミングアウトしている人はいないが、我が社はLGBTを受け容れる準備ができている。あなたがぜひ、ロールモデルになってください」と励ますことができます。

> **改善のポイント**
> - LGBTがいきいきと働ける職場づくりは、今スタート地点に立ったところです。職場環境の改善を進めていくなかで今後、ロールモデルとなるような人材が現れると期待できます。
> - LGBTを受け容れる準備ができているとアピールすることで、優秀なLGBT従業員を雇い入れ、未来につなげることができます。

こぼれ話

LGBTのほうが仕事を円滑に回せる？

多くの職場にある「チーム仕事」について、誰がチームリーダーにふさわしいか、考えてみてください。とある派遣業務では、ゲイの人物を現場のチームリーダーに据えたところ、メンバー（男女半々）間の雰囲気もよく、クライアント（女性）との関係性も良好で、とてもうまくいっているそうです。彼が男性にも女性にも配慮できる人だったからです。もし「女やオカマの下で働くなんてまっぴらだ」というような男性従業員がリーダーになった場合、果たしてそのチームはうまく回るでしょうか？　多様性への理解と公正さが、これからのリーダーに必要な資質ではないでしょうか？

LGBTの取引先や顧客との関係

08

　社内と同様、取引先や顧客にも当然、LGBTの人たちがいます。そうした人たちをからかったり、差別したりすることが職務上、何かプラスになるでしょうか？　取引先や顧客に対しても、もちろん、職場と同様、LGBTフレンドリーであるべきです。

当事者の声

- クライアントに、わかりやすくオネエな人がいて、社内で「あの人、絶対オカマだよね」などと話のネタになっている。自分もゲイなので、不愉快に感じつつ、「こんな職場にいて大丈夫かな……」と暗い気持ちになっている。（20代ゲイ）

- 荷物を搬入する業者のなかに、まるで男性みたいな風貌の女性がいて、ある同僚が何の気なしに「男性ですか？　女性ですか？」と聞いていた。（20代レズビアン）

どう対応すればよいのか

- 管理職クラスや職場の責任者にあたる人たちが率先して、職場でLGBTに関する差別的な言動を見たら注意すること。職場内のあり方が、取引先や顧客にも伝わります。LGBTへの理解、適切な対応について職場内で話す機会をもちましょう。

- 人事部など、社内に相談窓口を設け、取引先や顧客に対する差別的言動があった場合も、教えてもらうようにし、決して放っておかない姿勢を見せ

ましょう。

- 職場内のトップ層がLGBTへの理解を深め、職場内、職場外で理解や支援の姿勢をアピールできるようになれば、企業イメージの向上にもつながります。

> **改善のポイント**
>
> - 取引先（クライアント）や顧客についても、当然LGBTの人はいますし、差別的な対応は許されません。LGBTを差別する会社なのか、フレンドリーな会社なのかによって、業績にも影響が表れてくるでしょう。
> - 何か問題を見聞きしたときは、管理職クラスの人や人事部などが率先して事に当たるようにしましょう。

トランスジェンダーに固有のこと

09

　トランスジェンダーにとっては、まず就職の際にハードルがあります（第2章 p86）。いざ就職しても、望む性別で働けるかどうか、服装や更衣室、トイレのことはどうしたらよいか、などを相談し、社内への周知、対応が行われないと、安心して働くことができません。また、いったん会社に勤めはじめてから性別変更を希望するようなケースもあり、職場の理解・協力が必要になってきます。

　トランスジェンダーには、カミングアウトが2つあります。ひとつは、これからの望む性で生きていきたいというカミングアウト。もうひとつは、過去に性別移行したというカミングアウトです。

当事者の声

- まだ戸籍上の性別を変更していないため、面接では気づかれないかもしれないが、履歴書の性別欄を見て問い質されるのではないかと不安。かといって嘘を書くのもいやだし……。いっそ空欄で出そうか。（20代、FTMトランスジェンダー）

- 今は身体上・戸籍上の性別で働いているが、本当は望む性別で働きたい。が、相談できる人がおらず、悩んでいる。（20代、MTFトランスジェンダー）

- 性別を変えたいという社員がいて、理解のない上司とトラブルに発展した。（40代、ストレート）

- 性別変更について社内の理解は得られたものの、やはり、女性用の更衣室

やトイレに入るのは、勇気がいる。（30代、MTFトランスジェンダー）

どう対応すればよいのか

- 人事部、あるいは上司や同僚に1人でも理解がある（LGBTフレンドリーというサインを出している）人がいれば、相談しやすくなる。

- （上記事例2つ目のトラブルについて）人事部の人が上司と当事者の間に立って調整したおかげで、性別を変更した上で落ち着いて仕事ができるようになった。

- 社内に性別を問わずに使える「だれでもトイレ」を設ける（いくつもあるトイレのうちのひとつを「だれでも使える」ということにする）ことによって、物理的なハードルもクリアできる。

> **改善のポイント**
>
> - トランスジェンダーの従業員がいきいきと働ける職場をつくるには、LGBのそれとはまた異なる配慮が必要なことがあります。社内での周知や、理解・協力が求められるところです。
> - 会社の規模や状況にもよりますが、当事者と人事部（あるいは上司）、ほかの従業員との間でよく相談し、うまくやっていけるような着地点を見出すように努めてみましょう。

男女以外のカテゴリーが あるということ 10

　職場をよく見渡してみると、男性用／女性用と区別されているものがたくさんあります。総合職は男性／一般職は女性（お茶くみは女性）という決めつけはさすがに時代遅れと認識されつつあるでしょうが、服装についてはいまだに、男性はスーツ／女性は制服やスカートという暗黙の了解があったりします。更衣室やトイレも男性用／女性用しかないところがほとんどでしょう。そのほか、バレンタインデーの義理チョコ配り（およびホワイトデーのお返し）が半ば義務化されている職場などもあります。

　性別移行中のトランスジェンダーの人、性自認が男性でも女性でもないXジェンダーの人、あるいは典型的な男性／女性ではない身体で生まれた性分化疾患（インターセックス）の人など、男性／女性の区別に当てはまらない人は、どうしたらよいでしょうか？

当事者の声

- 性自認が男性というわけではないがスカートは絶対にはきたくないと思う。就職した会社が合併・統合により別会社となったが、女性は制服（スカート）を義務づけられており、会社を辞めようかと真剣に考えている。（30代、戸籍上の性別は女性）

- バレンタインデーで、女性社員がお金を出し合って男性社員に義理チョコを配る風習がまかり通っている職場。自分は男性でも女性でもないと思っているので、参加したくないと断ったところ、陰口を叩かれたり、いじめにあうようになった。（20代、Xジェンダー）

どう対応すればよいのか

- そもそも男性／女性の区分け自体がおかしい（それによって困る人がいる）ということを認識し、職場内にある男性／女性の区分けを見直してみる。
- 社内規程の改訂、社内研修、通達などを通じて、男性であろうと女性であろうとそうでなかろうと、誰もが自分らしくいきいき働ける職場こそがあるべき姿である、ということを社員にも理解してもらう。トラブルがあった際は、人事部などの相談窓口に相談を寄せてもらい、職場の責任者を通じて解決にあたるよう努める。

> **改善のポイント**
> - そもそも男性／女性の区分けに必然性があるのかという目で、社内のいろいろなところを見直してみましょう。
> - 性別や性自認にかかわらず、誰もがいきいきと働けるような職場づくりを目指しましょう。

©ともさくら

『事業主・人事・法務のための職場におけるLGBT対応ワークブック』（虹色ダイバーシティ発行）より転載。

第4章

先進的な企業の取り組み 事例10選

　2000年代半ば以降、社内のLGBTの存在を認め、支援し、積極的に取り込もうとする企業が現れてきました。今や、そうしたダイバーシティ＆インクルージョン施策（p244、252参照）を実施する企業はひとつや2つではなくなりました。ここで、さまざまな企業のLGBTへの取り組みの実例をまとめて紹介していきます。
　2014年の「work with pride」のレポートも掲載しました。

さまざまな企業の取り組みを知ろう 01

　2000年代半ば頃まで、ほとんどのLGBTは「企業がLGBTの従業員を歓迎する」とか「LGBTが働きやすいよう職場環境の改善に努める」といったことが日本で行われる日が来るとは想像もしていませんでした。先進的な欧米の話であって、日本ではまだ厳しいのでは……というムードで、当時はそうした動きは何もありませんでしたし、職場でカミングアウトする当事者もほとんどいませんでした。

　そこに風穴を開け、いち早くLGBTへの働きかけを行ったのが、今はなきリーマン・ブラザーズ証券でした。2004年に入社したヘイデン・マヤヤスさん（オーストラリアから来日、1990年代から日本のゲイコミュニティで活動し、AIDSケア・プロジェクトや第1回東京レズビアン＆ゲイパレードの運営にも参加していました）が、社内でLBGLN（リーマン・ブラザーズ・ゲイ・アンド・レズビアン・ネットワーク）という当事者ネットワークを立ち上げ、LGBTの従業員同士で親交を深め、同性カップルの結婚を祝福したり、識者を招いて講演会を催したりしていました。そして「多様な人材を抱えることができれば顧客提案の幅も広がる」との考えから、2006年3月には早稲田大学など7大学のLGBTサークルに声をかけ、社内のLGBT支援システムをアピールし、優秀な人材の確保に乗り出しました（2008年以降、リーマン・ブラザーズ証券の取り組みは、野村證券へと受け継がれていきます）。

　第4章では、さまざまな企業のLGBTへの取り組み、ダイバーシティ＆インクルージョン施策の実例を紹介していきます。

アイコンの説明

　各社の取り組みの内容に当てはまる項目を、理解の一助となるよう、筆者のほうで判断して、色づけで表示しています。第6章のインタビューのほうに記載されている内容も加味して判断していますので、あわせてご覧ください。

社内規定……差別禁止規定など、LGBTについて明文化された社内ポリシーがある。または、経営トップ層が明確にLGBTへの支援を表明している。
社内研修……社内の従業員向けにLGBTに関する研修や講演会を実施している。
社内G……LGBT当事者＆アライの社内グループがあり、その活動に会社が支援的である。
福利厚生……結婚祝い金、育児休暇など、福利厚生でLGBT従業員への配慮を明示した項目がある。
コミュニティ……パレードや映画祭など、LGBTコミュニティの活動を、協賛や従業員の参加によって支援している。
就業支援……LGBT当事者の就職における困難に配慮するイベントや施策を実施している。
意識啓発……LGBT研修以外の意識啓発キャンペーンを社内で実施している。
意思表示……メディアに登場するなど、自社のLGBT支援の姿勢を社外にも表明している。
市場対応……顧客としてのLGBTにも配慮する広告、キャンペーン等を実施している。
行政対応……行政としての対応を実施している。

日本アイ・ビー・エム株式会社

`社内規定` `社内研修` `社内G` `福利厚生` `コミュニティ` `就業支援` `意識啓発` `意思表示` `市場対応` `行政対応`

　IBMの本社は米国ニューヨークにあります。100年前のIBMは、今のベンチャー企業のようなもので、だからこそ積極的に多様な属性の人材を採用してきました。1950年代には米国企業としてもいち早く、個人の尊重、機会の均等をコーポレートポリシーとして宣言し、すでに80年代にはLGBTにも注目し、差別禁止規定のなかに「性的指向」「性自認」という文言を入れています。ダイバーシティ施策の一環で、LGBTへの特化ではなく、人種の違いや障がい、女性と同様に尊重するものでした。

　マイノリティの従業員の定着、意識向上を考え、ロールモデルをいかに輩出していくか、平等な福利厚生、継続性、LGBT市場の開拓やブランディング、賛同してくれる仲間の企業をつくる、といったことに取り組んでいます。客観的な調査機関のサーベイ（調査）にも積極的に応じて、差別のない職場環境の整備と維持を心がけています。

　一方、日本では、2004年に当事者のカミングアウトがあり、委員会が立ち上がり（IBMでは人事部ではなく、ビジネスをリードしている役員がダイバーシティ活動を支援するのが特徴）、当事者が会社に提言していくかたちで進めています。メールでの相談受け付けや、社員を対象にした勉強会なども実施しています。

　2008年にダイバーシティの推進体制を再編した時、LGBTに対する取り組みについても社内外に公表し、さまざまな社外イベントに出展（2011年の「セクシュアル・マイノリティを理解する週間」にも参加）。ダイバーシティ担当部長の梅田惠さん曰く、2008年入社の社員が「ダイバーシティで有名な会社と聞いて入った。もっと活発に活動してるかと思ったら……がっかりした」と言ったのを聞いて、「若い世代をがっかりさせてはいけない」と思い、LGBT関連の社外イベントに参加する決断をしたそうです。

　そうして2011年から結婚祝い金の対象を事実婚にも広げ、同性のパートナー同士にもお祝い金を支給できるようにしました。すでに10組以上が申請し

ています。6月のLGBTプライド月間にはカフェテリアのメニューに「レインボーちらし寿司」といったスペシャルメニューも提供するなど、LGBTの存在を会社全体で認識する機会をつくっています。

2012年には記念すべき第1回の「work with pride」を日本IBM本社で開催。2013年、2014年には東京レインボープライドにブース出展（協賛）しました。

梅田さんは「LGBTについては世代による意識ギャップが大きい」と語ります。「40代以上は、カミングアウトはリスクでしかないという意識が強い。今さら目立ちたくない。若い世代は学生時代に周囲にオープンにできるようになっているので、会社ではそれができずに閉塞感を感じている。友人にLGBTがいる人も多く、LGBT施策は若い世代のダイバーシティ課題だと思って私たちは取り組んでいます」。

ゴールドマン・サックス証券株式会社

社内規定　社内研修　社内G　福利厚生　コミュニティ　就業支援　意識啓発　意思表示　市場対応　行政対応

ゴールドマン・サックスは、多くのLGBTが活躍している世界有数の金融機関です。イギリスでは「LGBTが働きやすい会社トップ100」の6位に選ばれています（出典：Stonewall TOP 100 Employers 2011）。金融サービス業は、多様なお客様に対応できるチームや商品、ソリューションを提供することが大事で、多様なバックグラウンドの社員が求められることから、ゴールドマン・サックスの経営理念としてダイバーシティが重視されています。また社員に対しても、全社員必修のダイバーシティ研修を実施しています。

日本法人では2005年に社内LGBTネットワークが設立されました。はじめは当事者だけの閉じられた組織でしたが、やがてアライも参加するようになり、外部スピーカーを招いてLGBTに関する講演会を開催するなど、ネットワークの可視化を進めていくなかで、活動を支援してくれるスポンサーもつくようになりました。今では各部門長がネットワークの活動をサポートしています。2011年にはLGBTの学生を対象にしたリクルーティングイベント（会社説明会）もスタート。これに参加した学生が実際に入社し、LGBTネ

ットワークにも参加するようになりました。ほかにも、金融関連企業のLGBT当事者ネットワークにより設立された「LGBTファイナンス」にも参加し、東京レインボープライドや東京国際レズビアン＆ゲイ映画祭などのLGBTイベントにも協賛しています。

野村證券株式会社

社内規定　社内研修　社内G　福利厚生　コミュニティ　就業支援　意識啓発　意思表示　市場対応　行政対応

野村アライズ　　　　　　　　　　　　　　　　　　　　（写真提供：野村證券）

2008年9月にリーマン・ブラザーズ証券が破綻したあと、野村證券がリーマン・ブラザーズの欧州とアジア拠点の部門を継承した際に、ダイバーシティ＆インクルージョン（以下D&I）のコンセプトとともに、LGBTネットワークが野村證券に引き継がれることになりました。継承後のビジネスの変化や人材の入れ替わりとともに、当初ネットワークを運営していたLGBT当事者がいなくなってから、野村證券の取り組みは本格的にスタートします。社内倫理規定に"LGBTを差別しない"という文言が入ったのもこの頃です。

　人材開発部の東由紀さんは当時、リサーチ部門で勤務するなか、D&Iの社員ネットワークのリーダーをボランティアで担当していましたが、LGBTの活動に出会って志を新たにし、LGBTの当事者でなくても活動を支援でき

る「アライになろう！」の推進を開始し、アライの仲間を増やしてきました。2013年7月に人材開発部に異動し、本社の人材育成と研修を統括することになるとともにD&Iのジャパンヘッドを任され、新入社員研修や中途採用者研修のほか、すべての管理職研修にダイバーシティ研修を導入しました。これらの研修に少しずつLGBTのことを盛り込む「手裏剣戦法」を駆使しながら社内での啓発に努めており、その結果、2015年2月に実施した社員のダイバーシティ意識調査では、9割の社員が野村のLGBTの取り組みについて肯定的に捉えていることがわかりました。今では、職場ではカミングアウトしていない当事者もLGBTネットワークに加わり、10名のメンバーと「野村アライズ」として、LGBTのさらなる理解の促進に取り組んでいます。

　また、野村證券は日本の金融関連企業のLGBT支援グループ「LGBTファイナンス（旧LGBTインターバンク）」に唯一の日系企業として参加し、東京国際レズビアン＆ゲイ映画祭や東京レインボープライド、LGBTの学生セミナーなどに協賛することで、社外への情報発信に努めています。

　LGBTネットワークに当事者がいなくなった後も孤軍奮闘、LGBTへの取り組みを続け、今では「野村アライズ」の仲間とともに活動する東さんの熱意は感動的です。いわば「スーパー・アライ」です。

ソニー株式会社

`社内規定` `社内研修` `社内G` `福利厚生` `コミュニティ` `就業支援` `意識啓発` `意思表示` `市場対応` `行政対応`

　ソニーは第2回の「work with pride 2013」に会場提供しています。2012年、ソニーでダイバーシティを担当しているヒューマンライツ推進室長の成毛雅行さんと本書の共著者である虹色ダイバーシティの村木真紀が出会い、LGBTに取り組むきっかけとなりました。そこから村木に人事担当者向けの研修やソニーグループ会社の研修講師を依頼することとなりました。

　第2回「work with pride 2013」開催にあたっては、社内のダイバーシティ研修と位置づけ、全社員に開催案内を配信したところ、社内の当事者グループとの関係構築・コミュニケーションにつながりました。

2014年には、毎年実施している全社員向けダイバーシティ研修（eラーニング）のなかで初めてLGBTを取り上げ、全社員への啓発・教育を行いました。これは、LGBTについての上司・部下の対話を描いた映像教材を、eラーニング（インターネットを利用した学習教材）につくり込んだ内容となっています。

　面白いのは、ソニーのトップマネジメントは海外経験が長いこともあってLGBTに理解があり、ダイバーシティステートメントにLGBTを盛り込むにあたってもサポーティブであったことです。

> **ダイバーシティステートメント（2013年5月制定）**
> 「様々なビジネス分野での活動において、多様な価値観を尊重し、新たにチャレンジすることは、グローバル企業としてのソニーのDNAでありイノベーションの源泉です。ソニーは、その経営方針の一環として、健全な職場環境の整備と多様な人材の採用・育成・登用により、グループ全体でダイバーシティを推進します」
>
> **ダイバーシティの定義**
> 「ダイバーシティとは、人種、国籍、宗教、信条、障がい、性別、年齢、出身地、性的指向および価値観、働き方などの特徴の多様性および多様性を尊重する活動を意味します」

大阪ガス株式会社

`社内規定` `社内研修` `社内G` `福利厚生` `コミュニティ` `就業支援` `意識啓発` `意思表示` `市場対応` `行政対応`

　大阪は、歴史的な背景もあって、大阪同和・人権問題企業連絡会を中心に、人権問題についての企業間での情報交換が盛んです。大阪ガスも参加している同会では、国際的な人権課題であるLGBTについてもいち早く取り上げていました。パトリック・リネハン在大阪神戸米国総領事（2011年〜2014年に在任、オープンリー・ゲイの方）が関西の政財界トップに与えた影響も大きかったといいます。

　大阪ガスは、都市ガス以外にも事業領域を拡げるとともに国際化に取り組

んでいて、多様な発想を取り込むことを重視しています。「大阪ガスグループダイバーシティ推進方針」策定にあたっていた2013年度は、海外での同性婚認知やソチ五輪ボイコット（ロシアの反同性愛法に欧米各国が抗議）等関連するニュースが続き、さらに「セクハラ指針」改正案で同性間も含むと追記されました。これらが追い風となり、同方針では、性的指向・性自認についても年齢・国籍等と同じく差別禁止の対象としています。

　大阪ガスでは、CSR・人権・コンプライアンス・ダイバーシティ・健康開発と関連する部門が相互に連携してLGBTに対する理解促進と相談に応じる準備をしている点に特徴があります。前述の方針発表以前にも同社グループでは、男女別に設定されている健康診断日の調整や職場での受入教育等のトランスジェンダー対応事例がありました。

　また、大阪ガスでは、主に採用イベント等でダイバーシティの取り組みについて紹介するパンフレットにてアライの意思表明をするとともに、採用面接マニュアルにおいてもLGBTへの配慮を指導しています。また、社員には相談窓口を示す虹色ダイバーシティ制作のステッカーを配布しています。

　大阪ガス株式会社人事部ダイバーシティ推進チームマネジャーの田畑真理さんは、2014年の「work with pride」で「LGBTへの無理解・無関心は、女性の活躍を阻みセクシャルハラスメントを生む土壌ともなるジェンダーバイアスと密接に関係している。『男は妻子を養い、女は家を守るもの』との性別役割分担意識を是正していく必要がある。無意識のジェンダーバイアスに気づき行動変容を促すうえでもLGBTについて知ることは重要。段階的にブラッシュアップし、さまざまなマイノリティを受容し合理的な配慮が自然にできる組織風土を醸成していきたい。」と語っています。

株式会社ラッシュジャパン

`社内規定` `社内研修` `社内G` `福利厚生` `コミュニティ` `就業支援` `意識啓発` `意思表示` `市場対応` `行政対応`

　イギリス発フレッシュハンドメイドコスメブランド「LUSH（ラッシュ）」の日本法人である株式会社ラッシュジャパン。ラッシュは、2013年〜2014

年にロシアの反同性愛法に抗議するキャンペーンを世界中で展開し、Tokyo SuperStar Awards（LGBTの可視化や権利擁護に貢献した企業や人物を表彰するアワード）で企業賞を受賞しています。

2014年には東京レインボーウィーク（多くの企業も参加するLGBT支援キャンペーン）に協賛しています。

そして、2015年1月にはセクシュアルマイノリティが自分らしく暮らせる社会の実現を目指し、日本全国の店頭やインターネットで広くLGBT支援への賛同を募る「WE BELIEVE IN LOVEキャンペーン —LGBT支援宣言—」を実施しました。キャンペーン特設サイトによると、「LGBT支援宣言」とは、「誰もが自分らしく生きられる社会を目指し、多様なカタチの愛を応援するための宣言です。個人として宣言することで、その家族や友人、同僚などのLGBTを含むセクシュアルマイノリティが不安を和らげ自分らしく生きられる環境に近づける、また、企業として宣言することで働きやすい環境を提供する、行政として宣言することで自分らしく暮らせる社会に近づけるなど、様々な人が様々なレベルで宣言および行動することで、誰もが自分らしく暮らせる社会への実現に近づくと考えます」。

また、このキャンペーンと同時期に、社員に向けてLGBTの理解浸透を目的とした説明会を実施したほか、男女が結婚した時に与える結婚祝い金や結婚休暇などの福利厚生を同性間のパートナーにも平等に与えるといった人事制度の改定や、採用ポリシーにおける差別禁止規定の制定、採用時のエントリーシートおよびWeb新規会員登録時の性別記載の変更を実施しました。

▍株式会社テイクアンドギヴ・ニーズ

　社内規定　社内研修　社内G　福利厚生　コミュニティ　就業支援　意識啓発　意思表示　市場対応　行政対応

2014年7月、『ゼクシィ Premier』（リクルートマーケティングパートナーズ）でゲイカップルの結婚式が特集され、話題になりました。青山迎賓館で行われたこの同性結婚式を手がけたのが、株式会社テイクアンドギヴ・ニーズ（以下T&G）です。

きっかけは、新卒採用活動の際に何人かの学生からLGBTであることを何人かから聞き「私の幸せになれる場所がないんです」と言われたことでした。そこで同性婚のニーズに気づき、会社としてLGBTについてきちんと知りたいと考えました。

当たり前のこととして結婚式のお手伝いをするために、社員研修を実施することに。どんなことができるのか、どんな団体があるのか、と調査して、いろいろなLGBT団体を訪問し、最終的に虹色ダイバーシティに研修を依頼することになりました。最初は本社スタッフ向けの研修を行い、支配人、現場のウェディングプランナー、サービススタッフ、各部門で実施しました。T&Gでは、同性結婚式をお手伝いすることが決まっていたこともあり、どの社員も意識が高く、「『100人ゲストがいたら、LGBTはそのなかに普通にいる』ということを知らなかったことにショックを受けた」「特別扱いするのではなく、プロとして同じように接するということを学びました」などの声があがりました。

T&Gには、オーダーメイドの貸切り邸宅ウエディングを1日に2組限定で行う、というこだわりがあります。プライバシーも保たれますし、LGBTのニーズにもマッチしていました。会社の「すべてのお客様に最高の結婚式を提供する」という姿勢にも合っていたのでしょう。

全国に式場をもつ大手ウエディング会社ですが、オフィシャルに同性結婚式を手がけるのは全国で初めてとなりました。

Gap（ギャップジャパン株式会社）

社内規定　社内研修　社内G　福利厚生　コミュニティ　就業支援　意識啓発　意思表示　市場対応　行政対応

2014年の東京レインボーウィーク（パレードを中心に、LGBTへの理解を深めていただくようなイベントがたくさん開催されるゴールデンウィークのキャンペーン）でひときわ輝きを放っていたのが、日本で展開する大手ファッションブランドとして初めて大々的にサポートを表明したGapです。

原宿駅前にあるGapフラッグシップ原宿店は、約2週間にわたり、ファサードロゴ（店頭の巨大看板）を6色のレインボーカラーでデザインされた「世界でたったひとつの」特別なロゴ仕様に変え、店内に入ってすぐの吹き抜けエントランス部分には巨大なレインボーのナイアガラインスタレーションが施されました。さらにパレード会場のブースでパンフレットを配布していたのですが、「1969年、サンフランシスコでブランドが誕生してからずっと、Gapはカスタマー、そしてエンプロイーの個性と多様性を尊重してきました。カスタマーに対しても、エンプロイーに対しても、公正さ、尊厳、そして敬意を持って接することは、ブランドのコアバリューのひとつです。2014年、Gapは『セクシュアル・マイノリティ（性的少数者、LGBT）の人たちが、より自分らしく、前向きに暮らしていくことのできる社会を、みんなで応援し、サポートしよう』という東京レインボーウィーク2014の趣旨に賛同し、応援します」と書かれていました。
　この企画を実現するために、原宿店の100名を超えるであろうスタッフのほとんどがストレートだったため、LGBTに関する基礎知識からGapブランドが参加する理由と意義、当事者カスタマーへの対応までを習得できるようなレクチャーが行われたそうです。いざキャンペーンがスタートすると、お客さんの入りが一気に増えたそうで、お店の方たちもにわかにLGBTのお客さんを意識するようになったのではないでしょうか。
　東京レインボーウィークでの展開に続き、Gapは、2014年12月に開催された「GAP Presents Tokyo SuperStar Awards 2014」（LGBTのカルチャーにスポットをあて、人種やバックグラウンドの違いを乗り越え、社会とLGBTの架け橋を築いた"スーパースター"たちを讃えるアワードイベント）では特別協賛につきました。会場のビルボードライブ東京（六本木ミッドタウン）の入り口横に、Gapが用意した巨大なガチャガチャが出現し、レバーを回すとカプセルが出てきてGapオリジナルのトートバッグやマグカップなどがプレゼントされるという素敵な趣向でした。
　こうした動きは突然起こったものではなく、もともと社内にオープンリ

ー・ゲイの人がいて、社内に提案してみたことがきっかけだそうです。たまたまそういう取り組みに適した部署にいたそうで、Gap Inc.が本国ではLGBTフレンドリーだった（アメリカのLGBT団体が作成している「企業平等度指数」において連続で100点満点を取得している）ことも幸いして、実現したのです。

ちなみに東京レインボーウィーク2014で使用されたレインボーロゴは、筆者が調べた限りでは日本が初お披露目で、その後、海外のGapの店舗でもプライドウィークの時に展開されていたようなので、日本発で海外に波及した、おそらく初の事例なのではないかと思います。

それから、2015年、GapはLGBTポートレートプロジェクト「OUT IN JAPAN」の創設スポンサーとなりました。「OUT IN JAPAN」は日本のLGBTにスポットライトを当て、市井の人々を含む多彩なポートレートをさまざまなフォトグラファーが撮影し、5年間で10,000人のギャラリーを目指すものです。プロジェクト第1回目のフォトグラファーは、レスリー・キー氏。モデルのIVANさんをはじめ、111名の当事者が実名で紹介される日本初の写真展が2015年4月21日～28日に原宿店で開催されました。Gapが大事にしてきた「着る人の個性にスポットライトを当てる広告写真」の系譜にもつながるブランドらしい取り組みを通じた新しいLGBT支援策として、多くの人々の共感を呼びました。

Diverse（株式会社ダイバース）

`社内規定` `社内研修` `社内G` `福利厚生` `コミュニティ` `就業支援` `意識啓発` `意思表示` `市場対応` `行政対応`

『日本経済新聞』2014年8月19日付に「社内規定を改定し、事実婚や同性パートナーとの同居を届け出る『パートナー届け』制度をつくった。法律婚の夫婦と同じように、結婚、育児、介護などの特別休暇や慶弔見舞金の対象になる」と紹介されたDiverse（ミクシィのグループ会社で、ITで結婚支援サービスを行う）。就業規則としては、税制など法律上できない部分以外はす

べてLGBTも平等に扱うという、日本で最も進んだ内容になっています。なお、Diverseが日本経済新聞に取り上げられたのはこれが初めてのことです。

　生き馬の目を抜くIT業界において、まだ若くて小規模な会社なので、優秀な人材がほしい。そこで、LGBTの従業員から社長に、Diverseには誰もが働きやすい環境があるとアピールするためにもLGBT対応をやりましょうと提案がありました。社長もLGBTについての偏見なども特になく、「じゃあ話を聞いてみようか」ということになり、社内研修が実施され、社内規定の改定にも取り組むことになりました。小さい会社なので、社長が「変えるぞ」と言ったら比較的容易に実現できるという機動力があります。人事担当が社内規則を頭から見ていって、育児休暇、介護休暇、すべてを見直しました。そうしたLGBTへの取り組みを見て、ほかのカミングアウトしている従業員（非正規）のロイヤリティが上がり、正社員になったという話もあります。

ホテルグランヴィア京都

`社内規定` `社内研修` `社内G` `福利厚生` `コミュニティ` `就業支援` `意識啓発` `意思表示` `市場対応` `行政対応`

　2014年6月、ホテルグランヴィア京都と妙心寺の塔頭寺院・春光院が手を組み、仏式の同性結婚式ができる旅行プランが海外で注目を集めている、というニュースが新聞等に掲載されました。プランは3泊4日で、1590年創建の春光院の本堂で式を挙げるもの。白無垢か紋付袴が選べる和装の貸衣装や和懐石、送迎などが付いています。

　春光院ではすでに、海外の同性カップル5組が挙式していました。最初は2010年。春光院で座禅を体験したことのあるスペイン人の女性カップルから寺で挙式したいと依頼され、受け容れたものです。アメリカに7年間留学していた経験がある副住職の川上全龍さんにとって、同性愛者は身近な存在でした。川上さんは「日本の仏教には同性愛を禁じる教えはないし、周囲のサポートが大事だ」と考え、ツイッターやブログで式の様子などを発信してきました。

一方、ホテルグランヴィア京都は2006年、LGBTの人たちを歓迎したいとIGLTA（国際ゲイ・レズビアン旅行業協会）に日本のホテルとして初めて加盟し、社員研修も続けてきました。結果、欧米からの外国人観光客のうち、LGBTの比率が1割を占めるまで拡大しているといいます。LGBTの受け容れをアピールしようと、この結婚式プランを発案し、春光院に話を持ちかけて実現しました。総支配人室担当室長の池内志帆さんは「初めは、同性カップルがダブルベッドの部屋を使う場合も自然な接客ができるように、くらいのことしかやっていなかった。2012年にOut Asia Travel（LGBTの訪日外国人旅行向けの旅行会社）が主催した、海外からのLGBT観光客の受け容れについてのセミナーに参加して、やっとどうすればいいかがわかった」と語っています。

　ホテルグランヴィア京都は2014年、ドイツで開かれた旅行博覧会や、マドリッドで開催されたIGLTA総会にブース出店し、現地のメディアから「日本で同性婚が認められるようになったのか」などと取材が殺到したといいます。池内さんは海外のメディアに対し、「日本はLGBTに親しみやすい旅行先とは捉えられていません。したがって、お客様に対し、当ホテルがLGBTに親しみやすく、おくつろぎいただけるということを発信していくことが重要だと考えております」と語っています。

　日本ではまだ同性婚は認められていませんが、川上さんは「同性愛者でも皆、普通の結婚や生活をしたいはずだ。今は支援者も少ないかもしれないが、今後は変わっていくのではないか」「この国をよりよくする上で、LGBTの権利が非常に重要なテーマとして考える機会を提供することがとても重要だと考えました。同性結婚式を執り行うことで、この問題が、日本に暮らすすべての人にとってより身近なものになると考えたのです」と語っています。

行政の取り組み

02

　LGBT施策は、何も企業に限ったことではありません。行政もまた、より支援的なかたちでLGBTのことに取り組んでいます。

大阪市淀川区

社内規定　社内研修　社内G　福利厚生　コミュニティ　就業支援　意識啓発　意思表示　市場対応　行政対応

　大阪市淀川区は2013年9月、おそらく全国の地方自治体で初めて、LGBTに配慮した行政を目指す「LGBT支援宣言」を発表し、話題を呼びました。区民だより「よどがわ」9月号には、職員研修を行う、正しい情報を発信する、支援等を行う、声（相談）を聴く、という4つの取り組みが挙げられ、区役所前に大きなレインボーフラッグが掲げられました。これは、民間出身の榊正文区長が、海外経験もあってもともとLGBTのことにも理解があり、在大阪神戸米国総領事でパートナーと共に来日していたパトリック・リネハンさんと出会って、LGBT支援をやろう、と意気投合したところからスタートしています。同年6月にはリネハンさんや東京ディズニー・シーで同性結婚式を行った東小雪さん＆増原裕子さんを招いて講演会を行いました。そして、「最近、淀川区にNPOができたよね」という話になり、榊区長から虹色ダイバーシティに「何かできることはないか」と相談があり、「LGBT支援宣言」に至ったのです。

　榊区長は2013年10月の関西レインボーパレードにも登壇し、2014年1月にLGBT成人式を開催すること、また、淀川区では「ふるさと納税」の使途をLGBT支援活動に指定できることなどを発表し、「この大阪から日本を変えていこう！」と熱く語りました。

　また、2013年11月には淀川区の全職員280人を対象に研修を実施。このと

きの職員の感想は、今も区役所の中に掲示されています。

　それだけではなく、2014年7月からは電話相談、コミュニティスペースの開設、講演会の開催などを内容とするLGBT支援事業の展開に乗り出し、特設サイトを設け、「虹色ニュース！」というニュースレターを発行し、区内の全掲示板にポスターを貼り、講演会のチラシにいたっては区内の小中学校の全児童・生徒に配布し……と、当事者をも驚かせています。

　この「淀川区の奇跡」は、区長がもともと熱い人でLGBTにも理解があったこと、すぐ近くによきアドバイザーとなる当事者がいたこと、議会の承認なしに区長の権限である程度動かせることなど、さまざまな好条件が揃い、実現しました。また、区長が独り歩きするのではなく、職員もLGBT当事者とふれあうなかで自然と支援的に（アライに）なるなど、周囲のストレートの人たちをアライに変えていく様も感動を呼んでいます（職員の熱い思いはLGBT支援事業ニュースレター「虹色ニュース！」で読むことができます）。

淀川区内の全行政掲示板にこのポスターが貼られました
（提供：大阪市淀川区）

東京都中野区

社内規定　社内研修　社内G　福利厚生　コミュニティ　就業支援　意識啓発　意思表示　市場対応　行政対応

　2014年の東京レインボーウィークにおいて、中野駅前（サンプラザ前）広場で「トーク オブ レインボーウィーク in 中野」というトークイベントが開催されました。中野区が後援し、ゲイシーンで人気の方がゲスト出演した

ほか、現職の田中大輔区長もパネラーとして参加し、フレンドリーに語りました。同じ日、中野駅の高架下では、「Love is Colorful ～それは人の数ほどさまざまに～」という写真展も開催され、女性同士のカップルの結婚式の写真が展示され、道行く人の目を引いていました。

その後、田中区長は、中野のゲイバーや「LOUD」（1995年に設立されたレズビアンやバイセクシュアル女性のためのコミュニティスペース）に足を運び、ゲイやレズビアンと対話するミニ集会を開きました。自らゲイバーに足を運び、LGBTの住民と直接対話する姿に感銘を受けた当事者もいました。

2014年7月の区議会では、オープンリー・ゲイの石坂わたる区議が、区長の施政方針演説における「すべての人々に社会貢献ができる社会の構築」「すべての区民が参加し、支え合うまちの構築」という部分に性的マイノリティも含まれるか？　と質問し、区長は「性的マイノリティの方も当然含まれる」と答弁しています。また、「人権をテーマとした啓発事業や区の職員研修などを通して、広くマイノリティについて区民あるいは職員が理解する機会を増やし、偏見を排して多様性を認め合える社会をつくっていくための努力を行っていきたい」とも語りました。

同年11月の「なかのまちめぐり博覧会」では、「今日、世界がカラフルになる。」というヒューマンライブラリー（参加者が社会的マイノリティの当事者と対話できる機会）に石坂区議やトランスジェンダーの方が出演したほか、「LOUD」において「How-to LGBT」というイベントが開催されました。

中野区のこうした取り組みが実現した背景には、石坂区議の活躍があります。石坂区議は、同性カップルも区の住み替え支援事業（住宅に困難を抱える人を支援するサービス）を利用できるようにする議案を通したりもしています。

LGBTの議員が1人でもいると（議員に限らず、積極的に働きかけを行っていけば）これだけ変わるという、地方自治体におけるモデルケースと言えそうです。

東京都渋谷区

`社内規定` `社内研修` `社内G` `福利厚生` `コミュニティ` `就業支援` `意識啓発` `意思表示` `市場対応` `行政対応`

　東京都渋谷区は2015年2月、同性カップルを「結婚に相当する関係」と認め、証明書を発行するなどの内容を盛り込んだ「渋谷区男女平等及び多様性を尊重する社会を推進する条例」案を発表し、世間の注目を集めました。3月の区議会で可決され、4月1日から施行されました。自治体が同性カップルをパートナーとして証明する制度は、日本で初めて（東アジアでも初）。証明書の発行は2015年度内の開始を目指すそうです。また、区は条例施行後、規則策定のほか、専門家らからなる「男女平等・多様性社会推進会議」を設置し、区民や事業者に内容を説明し、協力を求めていく構えです。

　新条例は、「性的少数者の人権の尊重」を謳い、差別や偏見をなくし、性的少数者を個人として尊重すること、学校教育で理解を深めることなどを規定しています。そして、区内に住む20歳以上の同性カップルで、双方が互いの「任意後見受任者」となる契約（公正証書）を交わしていれば、パートナーシップ証明書の発行を受けることができます。区民や事業者はこれをできるだけ尊重することが求められます。当初の案では、条例の趣旨に反する行為があった場合は事業者名を公表する規定を盛り込むこととなっていましたが、区議会の付帯決議で、是正勧告を行っても聞かないような深刻な場合以外は公表しないというように改められました。

　この条例案が提出されるに至った経緯は以下の通りです。

　ゴミ問題に関するNPO法人「green bird」の代表を務める長谷部健区議（現区長）は、共に「green bird」の活動をしている杉山文野さん（第5章p196参照）の話を聞いたり、その仲間とも知りあうようになって、同性カップルがアパートを借りられないケースや、病院のICUに家族しか入れないために自分のパートナーの付き添いができない場合があって悩んでいる実情を知り、証明書の発行を思いつきました。そして2012年6月の区議会で、区在住のLGBTにパートナーとしての証明書を発行してはどうか、と提案しました。これに対し、桑原敏武前区長は「平和国際都市として多様な方々を受

け入れる渋谷区では、LGBTの方々も含めて受け入れる共生社会でなくてはならない」と回答。翌2013年6月の定例議会でも、岡田麻里区議が証明書について質問し、桑原前区長は「パートナー証明の発行につきましては、国内法や国際法などの関係を考え合わせるとき、制約も大きく、検討すべき課題が多くあると思いますけれども、今後、専門家の意見等も聞きながら前向きに検討してまいります」と答え、2014年に有識者らによる検討委員会が立ち上げられ、当事者である区民からのヒアリングなどを行い、条例案をまとめたということです。

渋谷区にはLGBT当事者である（ことをオープンにしている）区議はおらず、アライの力によって日本の歴史に残る第1歩が踏み出されたのです。このことの意義はたいへん大きいと言えます。

また、渋谷区がこの条例案を発表して以降、世間では同性パートナー法や同性婚の必要性をめぐって、にわかに議論が高まりました。有名な討論型テレビ番組でも議題になりましたし（ほとんどのコメンテーターが賛成に回りました）、国会でも初めて同性婚に関する質疑応答が行われました。（なお、法務省の担当者からは「同性間のパートナーシップを認めることを禁じる法制になっていないので、（条例案は）法律上の問題があるとはいえない」との見解が示されています）。

産経新聞社とFNNが合同で行った世論調査では、渋谷区の条例に賛成する人が59.0％を占め、反対の28.5％を大きく上回り、同性婚についても賛成が53.5％、反対が37.4％という結果になりました。

それから、渋谷区の条例案のニュースが全国を駆け巡り、にわかに世間でも議論が高まるなか、世田谷区でも、上川あや区議が同性カップルを夫婦と同等に認めるように求める要望書を区長に提出し、保坂展人区長は前向きな回答を示しました。横浜市や兵庫県宝塚市でも同様に検討することが発表されました。今後、ほかの市区町村にも波及するのかどうか、注目されています。

「work with pride 2014」レポート

03

「work with pride」は、企業などの団体における、LGBTなどの性的マイノリティに関するダイバーシティ・マネジメントの促進と定着を支援する任意団体です。

2012年に日本IBM株式会社が、国際NGOヒューマン・ライツ・ウォッチおよび認定特定非営利活動法人 グッド・エイジング・エールズと共同で日本でのLGBT就業者支援に関するイベントを企画したことからはじまりました。後に、特定非営利活動法人虹色ダイバーシティが加入しています。

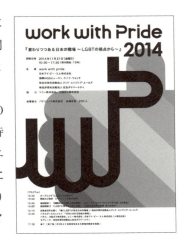

「work with pride」の目的は、日本の企業内でLGBTの人々が自分らしく働ける職場づくりを進めるための情報を提供し、各企業が積極的に取り組むためのきっかけを提供することです。

この目的を達成するために、年に1回、協力企業に場所をお借りし、企業の人事・ダイバーシティ担当者や当事者と、LGBTに関するダイバーシティ・マネジメントについて議論するイベントを開催しています。

第3回となる「work with pride 2014『変わりつつある日本の職場〜LGBTの視点から〜』」は、2014年11月21日（金）にパナソニック株式会社東京汐留ビル5Fホールで開催されました。

はじめに、ヒューマン・ライツ・ウォッチ日本代表・土井香苗氏および高岡法科大学准教授・谷口洋幸氏の基調講演が行われました。「国際的なLGBT人権の潮流」「LGBTに関する企業と労務」がテーマで、基礎的な情報のアップグレード（最新情報）となる内容でした。

それから、認定特定非営利活動法人グッド・エイジング・エールズの提供で、「当事者の声を聞く『働くLGBTが語る日本の職場』」というコーナーが設けられました。企業で働くLGBT当事者数名が前に立って「差別のない職場で働きたいですか？」「LGBTに対する差別を禁止する規定はあったほうがいいですか？」「彼女彼氏いる？って職場で聞かれるのは大丈夫ですか？」といった質問に○か×かで答えていくというものです。最後に、登壇した当事者から「職場でカミングアウトしていないゲイですが、私のようにカミングアウトしていない人はたくさんいる。現実的な施策の前に、職場での悩みや相談を当事者同士で話し合える場所づくりを人事で進めていただけると、助かります」「入社してから、人事からトランスジェンダーで困ったことがあったらいつでも、と言っていただいた。でも、周りの上司などのなかには心ないことを言う人もいる。人事の方ももちろんですが、全社での研修など理解の促進を」といったコメントがありました。

　それから、「パネルディスカッション『日本における取り組み事例』」として、特定非営利活動法人虹色ダイバーシティの村木がモデレータ、大阪ガス株式会社人事部ダイバーシティ推進チームマネージャー・田畑真理氏、ソニー株式会社人事センターダイバーシティ開発部ヒューマンライツ推進室室長・成毛雅行氏、日本IBM株式会社ダイバーシティ担当部長・梅田惠氏の3名がパネラーとなり（注：肩書きはすべて当時）、アメリカに本社がある外資系企業、日本に本社があるグローバル企業、日本の老舗企業、それぞれの取り組みをご紹介いただきました。

　最後に、質疑応答をかねたワークショップが開かれました。参加した企業の人たちが6人1組となり、チームAは「海外転勤を命じられたゲイから人事部に相談。5年間のパートナーがいる。どうしてもいっしょに行きたい。どうする？」というテーマで、チームBは「取り組みを始めるとしたら何からスタートしますか？」というテーマで10分間話し合いがもたれました。話し合いの時間に、当事者の人たちが会場を回り、話をすることができました。チームAの方からは「会社の海外赴任規定、そこに子どもがいたらインターナショナルスクールとか、戸籍がどうなっているか、というのがポイント。

しかし、申し出た方への対応は書面ではなく、白か黒かではない。金銭面なのか、そのほかの制度なのか。歩み寄りが大事だと思いました」といった回答が出ました。チームBの方からは「私たちのチームはすでにグローバルの取り組みがある。世代別にアプローチが違うね、と。弊社はコンプライアンスの観点からスタート。上の世代はそう。IBMの梅田さんも言っていたように、若い世代はカミングアウトした人が友人など身近にいる。等しく同じ理解になる必要はない。行動を変えるためには、アプローチを変えたらいいのではないか」といった回答が出ました。

　終了後、当事者を交えた情報交換会が行われました。

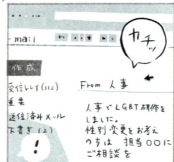

©ともさくら
『事業主・人事・法務のための職場におけるLGBT対応ワークブック』(虹色ダイバーシティ発行)より転載。

第5章

職場環境整備における10のポイント

　2014年7月から男女雇用機会均等法のセクハラ指針が改正され、LGBTへの差別もセクハラの対象であることが確認されました。そこで、企業としては「何がセクハラに該当するのか」をしっかり認知し、社内で周知させることが必要になります。ここでは、企業としてLGBT差別＝セクハラ問題をどう認知し、どのような対策を取っていくべきか、という観点で、実務的なフレームワークを提示します。

男女雇用機会均等法・セクハラ指針の改正によって、LGBT差別はセクハラとみなされることに 01

　2013年12月、男女雇用機会均等法の施行規則の改正が公布され、2014年7月に施行されました（章末の資料1参照）。このなかには「職場におけるセクシュアルハラスメントには、同性に対するものも含まれるものであることを明示」と書かれています。これまでは、セクハラといえば男女間のものと思われがちでしたが、たとえば、女性の上司が（たとえスキンシップのつもりであっても）女性の部下の胸を触ったり、男性間で性的なからかいや噂話をしたりするなど、同性間の言動も職場のセクハラに該当することが明記されたのです。

　同時に、セクハラについての政府の会議（労働政策審議会雇用均等分科会）において、厚労省が「性的マイノリティに対する差別もセクハラとみなす」と明言しました（章末の資料3参照）。

今回は、法律ではなく施行規則（大臣が発する命令）の改正です。もともとセクハラには同性間のセクハラも含まれていたのが、文言として明記されるようになりました。そして、審議会で性的マイノリティへの差別もハラスメントだと再確認されました。

今まではセクハラって男性から女性にするものと思われがちだったけど、同性間でもセクハラになるし、LGBT差別もセクハラだと国がきちんと認めたわけですね。

そうなんです。もはや職場でのLGBT差別の禁止はコンプライアンスのレベルの話だと言えます。

何がセクハラに該当するのか 02

　男女雇用機会均等法では、セクハラを「職場において行われる性的な言動に対するその雇用する労働者の対応により当該労働者がその労働条件につき不利益を受け、又は当該性的な言動により当該労働者の就業環境が害されること」と定義しています（章末の資料2参照）。
　セクハラは大きく分けて、2つのタイプに分けられます。

■対価型セクハラ

「労働者の意に反する性的な言動に対する労働者の対応により、当該労働者が解雇、降格、減給等の不利益を受けること」です。
　加害者が、自分の地位や権力を利用して性的な行為を強要するというのが最たるものですが、たとえば、いやがる部下を無理やり風俗に連れて行くというケースもこれに該当します。宴会の席で下ネタを強要したり、裸踊りをさせたり（従わないと職場でいじめるという暗黙の脅しがある）というのも男性間でありがちなセクハラです。男性間だけではなく、女性間でも、ホストクラブにしつこく誘ったり、胸を触ったり（いやがると職場にいづらくさせるという無言の圧力がある）ということが考えられます。

■環境型セクハラ

「労働者の意に反する性的な言動により労働者の就業環境が不快なものとなったため、能力の発揮に重大な悪影響が生じる等、当該労働者が就業する上で看過できない程度の支障が生じること」です。
　性的というのは必ずしも、セックスを想起させるという言動とは限りません。「あいつ、ホモなんだってよ」というような噂を流すのもこれに該当しますし、「まだ結婚しないの？」「まだ子どもできないの？」としつこく聞く

こともそうです。

　以下に、セクハラに該当するケースを列挙してみます。

- デートや性行為を強要する（断れない雰囲気をつくる）
- 風俗店などに誘う（断れない雰囲気をつくる）
- 相手の意に反するスキンシップをする
- 飲み会などで衣服を脱ぐことを強要する（または、裸を見せる）
- 性的な言動でからかう（「お前、こっち系じゃねーの？」といったLGBTについてのからかいも含む）
- 性的な噂を流す（性的指向や性自認などの個人情報も含む）
- 「結婚しないの？」「子どもはまだできないの？」などとしつこく尋ねる
- 「男なの？　女なの？」とネタにしたり、「オネエってキモいよな」などと悪口を言ったりする

ここで改めて「セクハラ」とは何か、を振り返ってみましょう。後半の4つはLGBT当事者が日常的に言われてそうですよね……。

『お前男なんだから、徹夜くらい平気だろう』とかもいまだにありますね。

いわゆる男女間の話の中にLGBTのこともいっぱい入っていますね。

たぶん今までのパワハラとかも、そうですよね。

男女のことがしっかり対応されていたら、ほぼほぼ OK かも。

男女平等がきちんと達成できている、ジェンダーバイアス（男女の役割についての固定観念）のない職場なら、LGBT にもすぐに対応できそう。

企業はセクハラ防止やセクハラ対応をどうすべきか 03

　男女雇用機会均等法では、事業主が職場におけるセクハラの内容およびセクハラがあってはならない旨の方針を明確化し、管理・監督者を含む労働者に周知・啓発することが義務づけられています。また、セクハラを行った者（加害者）については厳正に対処する旨の方針および対処の内容を就業規則等の文書に規定し、管理・監督者を含む労働者に周知・啓発することも義務づけられています（セクハラ防止の義務）。

　もしセクハラが起こってしまった際にも、相談に応じ（あらかじめ相談窓口を設け）、適切に対処することができるような体制を整備することが義務づけられています。その際、相談者（被害者）・行為者（加害者）のプライバシーが守られることも必要ですし、相談したことで不利益を被るような取り扱いも禁止されています。また、再発防止に向けた措置を講じること（労働者への周知・啓発）も義務づけられています。

　2014年7月の改正では、被害者と行為者の間の関係改善に向けての援助、被害者と行為者を引き離すための配置転換、行為者の謝罪、被害者の労働条件上の不利益の回復、管理監督者または事業場内産業保健スタッフ等による被害者のメンタルヘルス不調への相談対応等の措置を講じること、なども追記されました。

　つまり、すべての事業主は、会社の規模等にかかわらず、社内でのセクハラの防止に努めなければいけない、そして、実際にセクハラの被害があった場合、被害者の相談に乗る担当者や窓口を社内に設置しなければいけない、ということです。

相談窓口の担当者は、LGBTについても勉強したほうがいいですね。

社内に保健師や産業カウンセラーなどがいない場合は、人事部とかですよね。ブラックな会社や小さな会社だと相談窓口もなかったり、相談してもまともに受けとめてもらえないこともあるのでは？

そういう場合は、各都道府県の労働局・雇用均等室に相談してみて。労働局は労働基準監督署の上にあって、企業を監督・指導する上での元締めみたいなところです。

訴えたことで、会社にいられなくなったり、いじめにあったりするのでは……。

匿名でも相談できるから、大丈夫。もし相談者が名前を名乗っても、相談者に対して不利益な取扱いを行うことのないよう事業主に注意するし、必要に応じて事業主への指導も行ってくれるから、安心してください。

LGBTがセクハラだと感じる
セリフ集

04

　ここで、職場で言われることが多そうな、LGBTがセクハラだと感じるセリフをまとめてご紹介します（個人情報は伏せますが、実際に職場であった事例を集めています）。思い当たるフシがある方は、今すぐあらため、また、社内での周知・啓発を図りましょう。

【見た目】
「あの人って男？　女？」
（ロングヘアにしていたら）「お前はオカマか？」
「女なのにスカートはかないの？」
「二丁目にいそう」

【性的な存在】
「俺、襲われちゃうかも！」
「間違ってゲイバー入っちゃってさ、マジで恐怖だった」

【変態・異常】
「言っとくけど、俺にはそういう趣味ないから」
「私はノーマルだからね」
「ホモは変態で異常。精神病だな」
（上司にカミングアウトした際）「うわごめん、さぶいぼ立ったわー」
「気持ち悪い。ありえない。理解できない。この世から消えてほしい」
（性的指向を知った取引相手に）「おかしい、認めない、診断書をもってきたら認めてやる」
（高齢の人が）「最近の若い人はゲイだのレズだの気持ち悪い。一緒の空気を吸いたくない」

【オネエタレント】
「うわ、オネエがテレビに……食欲失せる」
「（タレントの）○○も男か女かわからないよね。オネエ系？」

【ホモネタ】
（仲のいい男性同士に向かって）「お前らそっちか」「ホモか」
（男性同士で行動する様を見て）「実は２人、つきあってたり？（笑）」

【ジェンダー】
「オカマじゃあるまいし、もう少し男らしくしたら？」

【パワハラ】
（飲み会の席でみんながいる前で）「お前、恋人いないみたいだけど、実はそっち系なんじゃないの？　もし男が好きとか言われたら、明日からどう接したらいいかわからないぞ」
「結婚しなければ役職には付けられないぞ」

【男同士の性的な会話】
「好きなAV女優は誰？」
「レズものってエロいよなあ」

【うわさ】
（取引先の人についてのうわさで）「あの人オネエっぽいよね」「引く（笑）」
（同性同士で買い物をしている客を見て）「あの客ってゲイなんじゃね？（笑）」「（頬に手の甲をあてて）○○さんってこっち系なんだって？」
「あの年で独身って、もしかしてそのケがあったりして！」
「○○さん（男）、男ともめて別れたらしいよ（笑）」

【恋愛】
「早く恋人つくったら？」（本当は同性パートナーがいるのに言えない）
「ねえねえ、彼女の写真、見せてよ」（本当は「彼氏」なのに言えない）

【結婚・出産】
「結婚して家庭をもって初めて人は一人前になる」
「なんで結婚しないの？」（本当は同性パートナーがいて、結婚している状態なのに）
「子どもいないんですか？」（パートナーが同性なので、子どもができない）
「結婚できない人は問題がある人だ」
「出産経験のない女性はいつまでも成長しない」
「結婚、出産しないで国に貢献しない非国民は死ね」

【子どもへの悪影響】
「子どもに悪影響があるから、公の場でゲイとか言うの、やめてほしい」
「先生がゲイだったなんて、うちの子になんて言えばいいのか……」

【存在の否定】
「うちの職場にはゲイとかいないよね」
「テレビのオネエはいいけど、身内にいるとか、ありえないよな」
「性同一性障害とか、身近にいたらどうしよう？（笑）」
「LGBTって特殊な人たちだから、ここにはいないよ」
「男女平等だけやればいいんじゃない？」

【上から目線】
「ただマイノリティで生まれてきただけなのに、かわいそう……」
（カミングアウト後）「解雇しようかどうか迷った。雇ってあげてるんだから人一倍頑張れよ」

【HIV】
「同性愛なの？　エイズとか大丈夫？」
「大丈夫？　変な病気なんじゃないの？」
（従業員の前で社長が）「お前はエイズだ」

【外国人】
「海外はゲイが多いからな」
「ガイジン？　病気に気をつけろよ」
「海外でデカい黒人にカマ掘られたりすんなよ（笑）」

【仕事と結びつける】
「これだからゲイは……」
「たった1人性同一性障害がいるせいで、みんなが非効率になった。面倒くせえ」
「ゲイは家族養わないから給料低くていいよな？」

【トランスジェンダー】
（福祉施設で、やや気の弱い男性利用者に対して）「○○さんは女の子になったほうがいいんじゃない？」
「トランスの人って頭のネジが緩んでいる人が多いよね」
「性転換の費用が必要だから職場の地位をほしがってるんでしょ」

【LGBTあるある】
「女が好きなのか？　それなら俺が男のよさを教えてやる」
「男役なの？　女役なの？」
「レズはきれいだけどゲイは汚い」
「異性にモテないから同性愛者になるんでしょ？」
「二丁目行ったことあるんだ？」「それは危険だわー」
「もったいない」

　そのほか、宴会で、女装して笑いをとったりするのも、不快に感じる当事者がいます。男らしさ／女らしさを強要するのもセクハラになります。
「オカマ」「オナベ」「ホモ」「レズ」などが差別語だと知らずに使う人もいます。
　職場での男女の性別役割分業（女性はお茶くみ、男性は力仕事など）への違和感を覚える当事者も多いようです。

CSRの一環として

05

　1997年、英国のコンサルティング会社「サステナビリティ」の代表、ジョン・エルキントンが「企業は環境・経済・社会の３つの側面を考慮した経営を行うべきである」との提言を行い、CSR（Corporate Social Responsibility＝企業の社会的責任）が叫ばれるようになりましたが、欧米のCSRは、実質的には1920年代のSRI（Socially Responsible Investment＝社会的責任投資）に遡ります。教会が、武器・煙草・酒・ギャンブル等に関係する企業に投資しないという「ネガティブ・スクリーニング」（投資先リストからの排除）です。その後、1940年代から公害（スモッグなど）が、50年代から公民権が、70年代からいわゆる環境問題がクローズアップされてきました。現在は、環境問題、南北問題、ダイバーシティ（多様性）など多岐にわたっており、同性婚をはじめとするLGBTイシューも人権問題（公民権）と捉えられ、ホットなテーマのひとつとなっています。

　日本でも最近ようやく、LGBTのことをCSRの１テーマとみなす動きが出てきました。東洋経済新報社が上場企業を中心とする約1,100社のCSRの取り組みをまとめた「CSR企業総覧」およびそのデジタル版「CSRデータ」を作成していますが、2013年から「LGBTに対する基本方針の有無」と「LGBTに関する何らかの取り組みの実績」について調査されるようになりました。結果、114社がLGBTに対する基本方針があると回答、80社がLGBTに関する何らかの取り組みを行っていると回答しています。2014年は約1.3倍の146社、98社となっています。

　また2013年、虹色ダイバーシティの主催で「CSR勉強会　ダイバーシティ最前線～LGBTが働きやすい職場をつくるために」という企業向け勉強会が大阪で開催されましたが、その際、パネリストの菅原絵美氏（大阪経済法科大学法学部准教授）と虹色ダイバーシティの共同研究というかたちで「人権

『人権 CSR ガイドライン：人権 CSR パフォーマンス編
(2)労働におけるマイノリティの人権

⑤性的マイノリティ（LGBT）の人権

視点

LGBT とはレズビアン（女性同性愛者）、ゲイ（男性同性愛者）、バイセクシュアル（両性愛者）、トランスジェンダー（性別越境者、性同一性障害者を含む）の総称で、性的指向（恋愛・性愛感情が向く性）や性自認（こころの性）等の面で少数派（マイノリティ）に属する人々です。LGBT 人口は全体の約 5％（20 人にひとり）と言われています。「自社の職場には…」という声も聴かれますが、実はみなさんが「すでに直面している課題」なのです。LGBT は職場にいないのではなく、周囲に言えない、可視化されていない状態にあり、職場のなかで「働きづらさ」を感じています。働きづらさを抱えたままの労働環境は、本人にとっても、企業にとってもプラスには働きません。性同一性障害については条件付きで性別の変更が可能になりましたが、同性パートナーの法的保障や職場での差別禁止等、法的な整備はされていません。企業の社会的責任（CSR）の一環として、見えないマイノリティへの配慮を示すことが求められています。

【チェックポイント】

●KPI
A）性的マイノリティに関する勉強会やイベントへの参加人数、または、性的マイノリティに関する社内グループやメールマガジンへの登録者数（の経年変化）を把握していますか。

●パフォーマンス項目
B-1) 人権方針や差別禁止規定のなかに、性的マイノリティの権利の尊重または性的指向・性自認による差別の禁止について明示していますか。

B-2) 昨年度から現在までで、何らかの性的マイノリティに関する人権教育（研修）またはイベントを開催または支援しましたか。

B-3) 性的指向や性自認に関する問題に取組む部門、または、当事者からの相談に対応する部門はありますか。

B-4) 同性のパートナーがいる社員が利用できる福利厚生はありますか。

【解説】

B-1) どの職場にも性的マイノリティが働いていますが、可視化されていないのが現状です。性的マイノリティである労働者が安心して仕事ができるよう、性的マイノリティの権利の尊重または性的指向・性自認による差別（職場でのいじめ、昇進差別、解雇など）を禁止する方針を明確に示しましょう。

B-2) 性的マイノリティを否定し、からかうような職場の雰囲気が、当事者への無形の圧力になっていることがあります。性的マイノリティの課題の認知、また社内理解の土壌づくりとともに、会社が性的マイノリティの課題に積極的に取り組む姿勢を具体的に示しましょう。

B-3) 性的マイノリティといってもニーズは様々であり、相談の際には個人の要望を確認してください。本人はカミングアウトによって仕事を失うのではないか等の恐怖を抱えています。プライバシーを保てる環境で、落ち着いて相談できるよう配慮してください。

B-4) 例えば、同性パートナーがいる社員への結婚祝い金の支給、家族手当・忌引など福利厚生の適用、パートナーが外国人の場合のビザへの配慮、住居確保のための支援などがあります。

Copyright©2013 菅原絵美・虹色ダイバーシティ All Rights Reserved.

第 5 章　職場環境整備における 10 のポイント

CSRガイドライン LGBTの人権」が作成されました。当事者のカミングアウトを強要せずに、すべての会社で最低限取り組んでほしい項目をまとめたものです（前ページ参照）。

日本でCSRといえば、地域への貢献とかエコのイメージでしょうか。

欧米では、その時代ごとの社会問題への取り組みなんですね。地球環境のこともちろん大事だし、ずっとやらなくちゃいけないけど、LGBTのことは今まさに進みつつあるテーマだね。

日本ではLGBTの法律がないからまだ早いという意見もあるようですが……。

環境問題も、法律でそこまで規定されていないけれど、CSRの一環としてがんばってる企業は多いですよね。LGBTのことも同じです。

国がやってないから、ではなく、世界の趨勢を見ることが大事ですね。

EUでは職場でのLGBTに対する差別の禁止を明確にしています。オバマ大統領も、国と取引する企業でのLGBT差別を禁じました。それが当たり前になりつつあるんです。

グローバル化は進めるのにLGBTのことだけ日本の遅れた水準に合わせろというのはおかしいですよね。

欧米の企業は「CORPORATE EQUALITY INDEX」100点を目指す 06

　CSRからさらに1歩進んで、アメリカでは主要な企業のLGBTフレンドリー度を採点した「CORPORATE EQUALITY INDEX」というリストがたいへんよく参照されています。これは、人権団体・HRC（ヒューマン・ライツ・キャンペーン）が毎年フォーチュン1000に該当する企業に対して行っている調査で、「性的指向で差別しないという社内規定がある」「性自認で差別しないという規定がある」「同性パートナーへの福利厚生」「トランスジェンダーの医療保険」「社内にLGBTの従業員のグループがある」「地域のLGBTコミュニティをサポートしている」「同性婚などに反対する団体をサポートしない」といった項目が設けられています。

　日系企業でも、トヨタ自動車、日産自動車、ソニーなどは100点をとっています。

> HRCの調査ってよく聞きますね。

> 今はアメリカだけの調査ですが、2016年からは差別禁止についてはグローバルで調査が行われるようになるそうです。

> トヨタだったら日本でどうなの？　っていうことを問われるようになるわけですね！

そうなんです。日系企業は、ここで100点をとり続けたかったら日本でも同じようにやらなきゃいけない。

日本もいつまでも世界から遅れをとっているわけにはいかないってことですよね。

100点の企業になるためには？

07

　企業のトップがLGBT施策を打ち出したとしても、広範囲にわたる何千人、何万人もの従業員が一気にLGBTフレンドリーになるということは、ありえません。前項の「CORPORATE EQUALITY INDEX」で100点をとったような企業も、段階を踏んで変わってきたのです。

　その変わり方のモデルケース（理念型）を、最初にお伝えしたセクハラ指針改正のことを含めながら、「日本ではこうなるだろう」というかたちで示してみたいと思います。法令遵守（コンプライアンス）レベルのことを土台として、さらに社内でのルールづくりや支援体制、福利厚生などの整備を行い、意識（企業倫理）を高めつつ、最終的には社外のLGBTコミュニティへの支援を行い、社会貢献を果たすという流れです。

法令遵守
- トランスジェンダーが不法解雇されない
- 同性間のセクハラやLGBT差別が起こらないような社員教育がなされている
- LGBT差別禁止法や同性婚法をもつ国に対応できる

社内ルール
- LGBTの人権擁護に関する全社的方針を策定している
- LGBTへのハラスメントや性別移行に関する相談体制が整っている
- 社内にLGBT従業員のグループがある

企業倫理
- LGBTの従業員にとっても公正な社内規則や福利厚生になっている
- LGBTに関する社員教育の機会を提供している
- 顧客、取引先、地域のLGBTに適切な対応ができる体制が整っている

↓

社会貢献
- LGBTのイベントを支援する
- LGBT団体と協働する（イベントの共催、社員ボランティア参加など）

ある日突然、100点の会社になるなんてこと、ありえないですよね。

全社員に研修を実施したり、社内に当事者ネットワークができたりして、少しずつ変わっていくものなんですよね。

モデルケースというか、理想的なステップがよくわかりました。

人事におけるLGBT対応

08

　もう少し人事の実務に沿ったかたちで、企業のLGBT施策の取り組みの流れを見てみましょう。社内で誰にも言えず孤立感を覚える当事者の立場に立って見ると、STEPが進むにつれて、社内にアライ（支援者）が増え、当事者が安心して働けるようになります。

相談体制の整備
- 人事部への研修を実施
- 地域の当事者団体などとつながる
- 相談窓口の紹介
- 産業医の研修

社内ルール
- 差別禁止規定にLGBTのことを盛り込む
- 福利厚生の見直し
- セクハラ防止対策
- メンタルヘルス対策

社内の啓発
- 管理職研修、新入社員研修などの階層別研修
- 組合での研修
- 従業員の意識調査
- 啓発キャンペーン
- 職場内のネットワークづくり
- 地域の当事者団体を支援

学習機会と接触機会を
バランスよく

09

　また少し違う角度から、LGBTフレンドリー化（アライ化）への流れを見てみたいと思います。
　アライになるためには、理解（LGBTをよく知ること）と、共感（実際にLGBTとふれあうこと）が必要だという視点です。

［知識不足な人（次ページ図5-1の❷）］
- 周囲にゲイやレズビアンなどLGBTの知人がいて、接触する機会があるにもかかわらず、「特に困ってることはないよね」と、LGBTが職場（や社会）で抱えている困難に気づかずにいるタイプ。
➡ 学習機会を増やし、職場（や社会）でのLGBT施策の必要性を知ってもらう。

［接触不足な人（図5-1の❹）］
- 海外からのニュースなどでLGBTについての知識は入っているが、実際の当事者に会ったことがないため、具体的に、リアルにどう接したらよいかわからないタイプ。
➡ 当事者との接触の機会を増やし、LGBTとの心の距離を縮め、共感を高めてもらう。

［どちらも不足している人（図5-1の❸）］
- 周囲にLGBTもいないし（いることに気づかないし）、LGBTのことを見聞きしたこともない、無関心なタイプ。
➡ 学習機会、接触機会を共に増やし、理解と共感を高めてもらう。
- LGBTへの間違った認識やイメージをもち、偏見や嫌悪感をもってしまっ

ているタイプ。

➡ まずは偏見を取り除き、間違った認識を正すような対応が必要。その上で、学習機会、接触機会を共に増やし、理解と共感を高めてもらう。

図5-1　ＬＧＢＴ施策を進めるポイント

当事者の安全に配慮しながら、学習機会と接触機会をバランスよく設定する

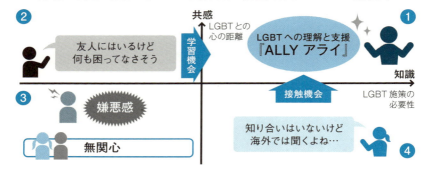

© Nijiiro Diversity 2014

学習機会と接触機会かあ。なるほどね。

知識だけでも、リアルに会う機会だけでも足りません。両方バランスよく必要なんです。

自分の職場ではどういうタイプの人が多いのか、考えてみたいと思います。

準備すべきLGBTツールキット 10

　これからLGBT対応をはじめるにあたり、担当者が用意すべき研修ツールには、どういうものがあるでしょうか。

■ **人権CSRガイドライン LGBTの人権**
p179に掲載。

■ **社内での性別移行ガイドライン**
性別移行を希望する従業員のための、相談窓口や手順を記載した手引き（性別移行の仕方は人によって違うため、「固い」マニュアルにしないよう注意）。

■ **採用担当者のためのLGBTリーフレット**
簡単な説明資料をつくり、採用面接の担当者にセクハラ等の注意事項を説明する際に、LGBTに関してもあわせて説明する。

■ **人権啓発課題としてのLGBT基礎知識**
従業員がLGBT基礎知識を学ぶ機会を提供する（人権研修、新入社員研修、管理職研修、eラーニング等）。

■ **参考書、冊子**
冊子『事業主・人事・法務のための職場におけるLGBT入門』、『事業主・人事・法務のための職場におけるLGBT対応ワークブック』（虹色ダイバーシティ発行）、本書。

詳細については、虹色ダイバーシティにお問い合わせください（p81）。

資料

(資料1)
厚生労働省による男女雇用機会均等法施行規則改正の省令等の公布（抜粋）

男女雇用機会均等法施行規則を改正する省令等を公布しました
〜 間接差別となり得る措置の範囲の見直し等を行い、平成26年7月1日に施行 〜

【改正の主な内容】
3．セクシュアルハラスメントの予防・事後対応の徹底など
1）　<u>職場におけるセクシュアルハラスメントには、同性に対するものも含まれる</u>ものであることを明示。
2）　セクシュアルハラスメントに関する方針の明確化とその周知・啓発に当たっては、その<u>発生の原因や背景に、性別の役割分担意識に基づく言動があることも考えら</u>れる。そのため、こうした言動をなくしていくことがセクシュアルハラスメントの防止の効果を高める上で重要であることを明示。
3）　セクシュアルハラスメントの相談対応に当たっては、その発生のおそれがある場合や該当するかどうか微妙な場合でも広く相談に応じることとしている。その対象に、放置すれば就業環境を害するおそれがある場合や、性別役割分担意識に基づく言動が原因や背景となってセクシュアルハラスメントが生じるおそれがある場合などが含まれることを明示。
4）　被害者に対する事後対応の措置の例として、管理監督者または事業場内の産業保健スタッフなどによる被害者のメンタルヘルス不調への相談対応を追加。（セクハラ指針の改正）

(資料2)
事業主が職場における性的な言動に起因する問題に関して雇用管理上講ずべき措置についての指針（平成十八年厚生労働省告示第六百十五号）
1　はじめに
この指針は、雇用の分野における男女の均等な機会及び待遇の確保等に関する法律（以下「法」という。）第十一条第一項に規定する事業主が職場において行われる性的な言動に対するその雇用する労働者の対応により当該労働者がその労働条件につき不利益を受け、又は当該性的な言動により当該労働者の就業環境が害されること（以下「職場におけるセクシュアルハラスメント」という。）のないよう雇用管理上講ずべき措置について、同条第二項の規定に基づき事業主が適切かつ有効な実施を図るために必要な事項について定めたものである。
2　職場におけるセクシュアルハラスメントの内容
(1) 職場におけるセクシュアルハラスメントには、職場において行われる性的な言動に対する労働者の対応により当該労働者がその労働条件につき不利益を受けるもの（以下「対価型セクシュアルハラスメント」という。）と、当該性的な言動により労働者の就業環境が害されるもの（以下「環境型セクシュアルハラスメント」という。）がある。

なお、職場におけるセクシュアルハラスメントには、同性に対するものも含まれるものである。
(4)「性的な言動」とは、性的な内容の発言及び性的な行動を指し、この「性的な内容の発言」には、性的な事実関係を尋ねること、性的な内容の情報を意図的に流布すること等が、「性的な行動」には、性的な関係を強要すること、必要なく身体に触ること、わいせつな図画を配布すること等が、それぞれ含まれる。
(5)「対価型セクシュアルハラスメント」とは、職場において行われる労働者の意に反する性的な言動に対する労働者の対応により、当該労働者が解雇、降格、減給等の不利益を受けることであって、その状況は多様であるが、典型的な例として、次のようなものがある。
イ 事務所内において事業主が労働者に対して性的な関係を要求したが、拒否されたため、当該労働者を解雇すること。
ロ 出張中の車中において上司が労働者の腰、胸等に触ったが、抵抗されたため、当該労働者について不利益な配置転換をすること。
ハ 営業所内において事業主が日頃から労働者に係る性的な事柄について公然と発言していたが、抗議されたため、当該労働者を降格すること。
(6)「環境型セクシュアルハラスメント」とは、職場において行われる労働者の意に反する性的な言動により労働者の就業環境が不快なものとなったため、能力の発揮に重大な悪影響が生じる等当該労働者が就業する上で看過できない程度の支障が生じることであって、その状況は多様であるが、典型的な例として、次のようなものがある。
イ 事務所内において上司が労働者の腰、胸等に度々触ったため、当該労働者が苦痛に感じてその就業意欲が低下していること。
ロ 同僚が取引先において労働者に係る性的な内容の情報を意図的かつ継続的に流布したため、当該労働者が苦痛に感じて仕事が手につかないこと。
ハ 労働者が抗議をしているにもかかわらず、事務所内にヌードポスターを掲示しているため、当該労働者が苦痛に感じて業務に専念できないこと。
3 事業主が職場における性的な言動に起因する問題に関し雇用管理上講ずべき措置の内容
事業主は、職場におけるセクシュアルハラスメントを防止するため、雇用管理上次の措置を講じなければならない。
(1) 事業主の方針の明確化及びその周知・啓発
事業主は、職場におけるセクシュアルハラスメントに関する方針の明確化、労働者に対するその方針の周知・啓発として、次の措置を講じなければならない。
なお、周知・啓発をするに当たっては、職場におけるセクシュアルハラスメントの防止の効果を高めるため、その発生の原因や背景について労働者の理解を深めることが重要である。その際、セクシュアルハラスメントの発生の原因や背景には、性別役割分担意識に基づく言動もあると考えられ、こうした言動をなくしていくことがセクシュアルハラスメントの防止の効果を高める上で重要であることに留意することが必要である。
イ 職場におけるセクシュアルハラスメントの内容及び職場におけるセクシュアルハラスメントがあってはならない旨の方針を明確化し、管理・監督者を含む労働者に周知・啓発すること。
(方針を明確化し、労働者に周知・啓発していると認められる例)

① 就業規則その他の職場における服務規律等を定めた文書において、職場におけるセクシュアルハラスメントがあってはならない旨の方針を規定し、当該規定と併せて、職場におけるセクシュアルハラスメントの内容及び性別役割分担意識に基づく言動がセクシュアルハラスメントの発生の原因や背景となり得ることを、労働者に周知・啓発すること。
② 社内報、パンフレット、社内ホームページ等広報又は啓発のための資料等に職場におけるセクシュアルハラスメントの内容及び性別役割分担意識に基づく言動がセクシュアルハラスメントの発生の原因や背景となり得ること並びに職場におけるセクシュアルハラスメントがあってはならない旨の方針を記載し、配布等すること。
③ 職場におけるセクシュアルハラスメントの内容及び性別役割分担意識に基づく言動がセクシュアルハラスメントの発生の原因や背景となり得ること並びに職場におけるセクシュアルハラスメントがあってはならない旨の方針を労働者に対して周知・啓発するための研修、講習等を実施すること。
ロ　職場におけるセクシュアルハラスメントに係る性的な言動を行った者については、厳正に対処する旨の方針及び対処の内容を就業規則その他の職場における服務規律等を定めた文書に規定し、管理・監督者を含む労働者に周知・啓発すること。
（方針を定め、労働者に周知・啓発していると認められる例）
① 就業規則その他の職場における服務規律等を定めた文書において、職場におけるセクシュアルハラスメントに係る性的な言動を行った者に対する懲戒規定を定め、その内容を労働者に周知・啓発すること。
② 職場におけるセクシュアルハラスメントに係る性的な言動を行った者は、現行の就業規則その他の職場における服務規律等を定めた文書において定められている懲戒規定の適用の対象となる旨を明確化し、これを労働者に周知・啓発すること。
(2) 相談（苦情を含む。以下同じ。）に応じ、適切に対応するために必要な体制の整備

事業主は、労働者からの相談に対し、その内容や状況に応じ適切かつ柔軟に対応するために必要な体制の整備として、次の措置を講じなければならない。
イ　相談への対応のための窓口（以下「相談窓口」という。）をあらかじめ定めること。
（相談窓口をあらかじめ定めていると認められる例）
① 相談に対応する担当者をあらかじめ定めること。
② 相談に対応するための制度を設けること。
③ 外部の機関に相談への対応を委託すること。
ロ　イの相談窓口の担当者が、相談に対し、その内容や状況に応じ適切に対応できるようにすること。また、相談窓口においては、職場におけるセクシュアルハラスメントが現実に生じている場合だけでなく、その発生のおそれがある場合や、職場におけるセクシュアルハラスメントに該当するか否か微妙な場合であっても、広く相談に対応し、適切な対応を行うようにすること。例えば、放置すれば就業環境を害するおそれがある場合や、性別役割分担意識に基づく言動が原因や背景となってセクシュアルハラスメントが生じるおそれがある場合等が考えられる。
（相談窓口の担当者が適切に対応すること

ができるようにしていると認められる例）
① 相談窓口の担当者が相談を受けた場合、その内容や状況に応じて、相談窓口の担当者と人事部門とが連携を図ることができる仕組みとすること。
② 相談窓口の担当者が相談を受けた場合、あらかじめ作成した留意点などを記載したマニュアルに基づき対応すること。
（3）職場におけるセクシュアルハラスメントに係る事後の迅速かつ適切な対応
事業主は、職場におけるセクシュアルハラスメントに係る相談の申出があった場合において、その事案に係る事実関係の迅速かつ正確な確認及び適正な対処として、次の措置を講じなければならない。
イ 事案に係る事実関係を迅速かつ正確に確認すること。
（事案に係る事実関係を迅速かつ正確に確認していると認められる例）
① 相談窓口の担当者、人事部門又は専門の委員会等が、相談を行った労働者（以下「相談者」という。）及び職場におけるセクシュアルハラスメントに係る性的な言動の行為者とされる者（以下「行為者」という。）の双方から事実関係を確認すること。また、相談者と行為者との間で事実関係に関する主張に不一致があり、事実の確認が十分にできないと認められる場合には、第三者からも事実関係を聴取する等の措置を講ずること。
② 事実関係を迅速かつ正確に確認しようとしたが、確認が困難な場合などにおいて、法第18条に基づく調停の申請を行うことその他中立な第三者機関に紛争処理を委ねること。
ロ イにより、職場におけるセクシュアルハラスメントが生じた事実が確認できた場合においては、速やかに被害を受けた労働者（以下「被害者」という。）に対する配慮のための措置を適正に行うこと。
（措置を適正に行っていると認められる例）
① 事案の内容や状況に応じ、被害者と行為者の間の関係改善に向けての援助、被害者と行為者を引き離すための配置転換、行為者の謝罪、被害者の労働条件上の不利益の回復、管理監督者又は事業場内産業保健スタッフ等による被害者のメンタルヘルス不調への相談対応等の措置を講ずること。
② 法第18条に基づく調停その他中立な第三者機関の紛争解決案に従った措置を被害者に対して講ずること。
ハ イにより、職場におけるセクシュアルハラスメントが生じた事実が確認できた場合においては、行為者に対する措置を適正に行うこと。
（措置を適正に行っていると認められる例）
① 就業規則その他の職場における服務規律等を定めた文書における職場におけるセクシュアルハラスメントに関する規定等に基づき、行為者に対して必要な懲戒その他の措置を講ずること。併せて事案の内容や状況に応じ、被害者と行為者の間の関係改善に向けての援助、被害者と行為者を引き離すための配置転換、行為者の謝罪等の措置を講ずること。
② 法第18条に基づく調停その他中立な第三者機関の紛争解決案に従った措置を行為者に対して講ずること。
ニ 改めて職場におけるセクシュアルハラスメントに関する方針を周知・啓発する等の再発防止に向けた措置を講ずること。
なお、職場におけるセクシュアルハラスメントが生じた事実が確認できなかった場合においても、同様の措置を講ずること。
（再発防止に向けた措置を講じていると認められる例）

① 職場におけるセクシュアルハラスメントがあってはならない旨の方針及び職場におけるセクシュアルハラスメントに係る性的な言動を行った者について厳正に対処する旨の方針を、社内報、パンフレット、社内ホームページ等広報又は啓発のための資料等に改めて掲載し、配布等すること。
② 労働者に対して職場におけるセクシュアルハラスメントに関する意識を啓発するための研修、講習等を改めて実施すること。
(4) (1) から (3) までの措置と併せて講ずべき措置
(1) から (3) までの措置を講ずるに際しては、併せて次の措置を講じなければならない。
イ 職場におけるセクシュアルハラスメントに係る相談者・行為者等の情報は当該相談者・行為者等のプライバシーに属するものであることから、相談への対応又は当該セクシュアルハラスメントに係る事後の対応に当たっては、相談者・行為者等のプライバシーを保護するために必要な措置を講ずるとともに、その旨を労働者に対して周知すること。
(相談者・行為者等のプライバシーを保護するために必要な措置を講じていると認められる例)
① 相談者・行為者等のプライバシーの保護のために必要な事項をあらかじめマニュアルに定め、相談窓口の担当者が相談を受けた際には、当該マニュアルに基づき対応するものとすること。
② 相談者・行為者等のプライバシーの保護のために、相談窓口の担当者に必要な研修を行うこと。
③ 相談窓口においては相談者・行為者等のプライバシーを保護するために必要な措置を講じていることを、社内報、パンフレット、社内ホームページ等広報又は啓発のための資料等に掲載し、配布等すること。
ロ 労働者が職場におけるセクシュアルハラスメントに関し相談をしたこと又は事実関係の確認に協力したこと等を理由として、不利益な取扱いを行ってはならない旨を定め、労働者に周知・啓発すること。
(不利益な取扱いを行ってはならない旨を定め、労働者にその周知・啓発することについて措置を講じていると認められる例)
① 就業規則その他の職場における職務規律等を定めた文書において、労働者が職場におけるセクシュアルハラスメントに関し相談をしたこと、又は事実関係の確認に協力したこと等を理由として、当該労働者が解雇等の不利益な取扱いをされない旨を規定し、労働者に周知・啓発をすること。
② 社内報、パンフレット、社内ホームページ等広報又は啓発のための資料等に、労働者が職場におけるセクシュアルハラスメントに関し相談をしたこと、又は事実関係の確認に協力したこと等を理由として、当該労働者が解雇等の不利益な取扱いをされない旨を記載し、労働者に配布等すること。

(資料3)
2013年12月20日　第139回労働政策審議会雇用均等分科会
雇用均等・児童家庭局雇用均等政策課

○日時　平成25年12月20日（金）14時00分〜16時00分
○場所　中央労働委員会　講堂（7階）
○出席者
公益代表委員
田島分科会長、奥田委員、武石委員、中窪委員、山川委員
労働者代表委員

石田委員、齊藤委員、南部委員、松田委員
使用者代表委員
加藤委員、川崎委員、中西委員、布山委員
（川崎委員の「崎」の字は正しくは委員名簿のとおり）
厚生労働省
鈴木大臣官房審議官、定塚総務課長、成田雇用均等政策課長、
中井職業家庭両立課長、田中短時間・在宅労働課長、
安藤均等業務指導室長、飯野育児・介護休業推進室長

（抜粋）
○松田委員
　同じくセクシュアルハラスメントに関する指針案の改正ですが、今回の指針改正案には、ジェンダーハラスメントをなくしていくことを留意することが必要との文言や、セクハラは同性に対するものも含まれるとの文言がそれぞれ明記されています。一方パブリックコメントでは、性的マイノリティに対する差別的な言動や行動についてもセクハラであることを明記すべきという意見が多数出ております。
　私どもは今回の指針改正案によって、性的マイノリティへの差別的な言動や行動に対しても、指針に該当する範囲で一定の改善効果をもたらすものと認識をしております。
　そこでお尋ねをしたいのですが、指針のセクシュアルハラスメント、すなわち「職場において行われる性的な言動に対するその雇用する労働者の対応により当該労働者がその労働条件につき不利益を受け、又は当該性的な言動により当該労働者の就業環境が害されることのないよう」事業主が雇用管理上講ずべき措置には、性的マイノリティに対するものも含まれると理解をしておりますが、事務局の御見解を伺いたいと思います。

○成田雇用均等政策課長
　<u>性的マイノリティの方に対する言動や行動であっても、均等法11条やセクハラ指針に該当するものであれば、職場におけるセクシュアルハラスメントになると考えております。</u>

※下線は著者

Column 1

「外国の話」ではない話。

杉山文野（すぎやまふみの）

1981年東京都新宿区生まれ。フェンシング元女子日本代表。早稲田大学大学院にてセクシュアリティを中心に研究した後、その研究内容と性同一性障害である自身の体験を織り交ぜた『ダブルハッピネス』を講談社より出版。韓国語翻訳やコミック化されるなど話題を呼んだ。卒業後、2年間のバックパッカー生活で世界約50カ国＋南極を巡り、現地でさまざまな社会問題と向き合う。帰国後、一般企業に3年ほど勤め、現在は自ら飲食店を経営するかたわら、セクシュアル・マイノリティの子どもたちを応援するNPO法人ハートをつなごう学校代表、各地での講演会やNHKの番組でMCなども務める。

「まるで外国のお話のようだった」

　幼少期の写真も混ぜながらセクシュアリティに関する90分間の講演が終わり、主催者代表・60代くらいの男性の第一声。とても正直な感想だと思った。

　全国各地での講演活動は10年続けているが、時代の流れか、特にここ最近は頻度も増えている。その日は東京から約5時間かけてたどりついた場所で、町の職員や教育関係者、地元議員の方々も含め約130名が参加していた。LGBTという言葉を聞いたことがあると手を挙げてくれたのはわずか数名だった。

　昔、母から「高校生の時に同級生の女の子に告白されたことがある」という話を聞いたことを思い出した。清く正しく美しくを絵に描いたような母は曲がったことが大嫌い。
「今思えば告白された時、なんてひどい態度をとってしまったのかしら」と。

「でも、本当に知らなかったのよ」とも。

学校の先生にも言われたことがある。性同一性障害であることをカミングアウトしてから母校に戻った時、「あの時はひどいことを言ってしまったかもしれない。本当にごめんなさい。でも、あの時は知らなかったから」と。

「知らなかった」

確かにそうだと思う。両親や僕の先生たちの世代は性的マイノリティに対する十分な情報はなく、話題にすらならなかった世代。そう考えればある程度は仕方がないことだと思うし、責めるつもりもない。

しかし、もう「知らなかった」では済まない時代が来ていることは間違いない。

とあるイタリアのパスタ会社の社長が「ゲイは他社のパスタを買え」と発言したことで大顰蹙（ひんしゅく）をかい、不買運動が巻き起こり、すぐに世界に向け謝罪を行った。

とあるゲーム会社がシミュレーションゲームの設定に同性婚がなく、指摘を受けたが設定を変えるつもりはないという姿勢にこれまた批判が高まり同社は謝罪を発表した。

個人的にどう思うかは自由である。生理的に受け付けない人は誰にだっているだろう。ただ、大企業のトップが公の場でこのような発言や姿勢をとることは単に勉強不足としか言いようがないのではないだろうか。

2015年春には渋谷区の同性パートナーシップ証明書発行に関する条例が話題となった。

これは、どんなに長く連れ添っていたとしても同性であるという理由で「家族」として認められず、アパート入居や病院での面会を断られるケースが問題視されたことから、区は区民や事業者に、証明書をもつ同性カップルを夫婦と同等に扱うよう協力を求める方針を打ち出したのだ。

このニュース以来、僕のところにも問合せや取材依頼の連絡が後を絶たず、携帯は鳴りっぱなし。今回の件についてどう思うかという質問に対し僕はこう答えている。

「国を変えようなんて大それたことではないんです。僕たちは普通に生活したいだけなんです。ただ、普通に生活しようとすると話題になっちゃうんです。好きな人と一緒にいようとするだけで、これほどまで騒ぎになるような社会でなくなればいいと思っています」

　条例と法律はまた違うものであるが、いずれにせよ、異性婚、同性婚ではなく、すべての人に開かれた婚姻制度があるということが大事なのではないかと思う。同性婚ができたからといってすべての同性愛者が活用するわけではないだろう。それは異性愛・同性愛に関係なく、選択肢があるという豊かさが大事なのではないか。

　少子化に拍車がかかるのでは？　というならば、里親制度をしっかり進める、両親が働きながら育児もしやすい環境をつくる等、ほかにすべきことはいっぱいある。第一、同性婚があろうがなかろうが、同性愛者の絶対数に変わりはなく、同性婚が認められないなら異性愛者になろうかな、なんて人はいないのではないだろうか。

　この渋谷区の一件は、僕たちが予想していた以上に話題となった。さまざまな自治体でも急激に議論が高まり、ついには国会での首相発言も話題となった。安倍晋三首相は参院本会議で、同性婚について「現行憲法の下では、同性カップルの婚姻の成立を認めることは想定されていない」と発言したそうだ。それに対し、専門家からは異論も出ている。

　憲法解釈はさまざまであるので、すぐに答えは出ないだろうし、むしろすぐに答えを出さずにしっかりと議論してほしいところだ。ただ、議論する上で一番大事なのは「正しい、間違っている」「認める、認めない」ではなく、

すでに一定数の性的マイノリティが存在するという、変えようのないその事実とどうやって共生していくかである。どのようにしていけばすべての人にとって生きやすい社会になるかということをしっかり議論してほしい。

　外国の話ではない。
　すぐ隣にいる、大切な人の話だ。

　たまたま時代の流れと重なり、僕たちの世代は日の目を見る機会も増えてきたけれど、やはりここまでひとつひとつ積み重ねてきた先達への感謝を忘れず、この景色を見たくても見ることのできなかった多くの仲間たちの想いとともに、一歩一歩、確実に進めていきたい。

第6章

当事者やアライが語る
自分らしく働ける社会

　第6章では、LGBT当事者、またその人たちと共に働く人たちへのインタビュー集をお届けします。
　レズビアン、ゲイ、バイセクシュアル、トランスジェンダーなど、多様な性を象徴する方たちに仕事や職場のことについてお話を聞き、当事者の方たちの具体的なイメージや声をお届けします。
　また、理解がある職場に恵まれ（あるいは自ら社内で活動し、職場を変えていくことで）、すでに自分らしくいきいきと働くことができているLGBT当事者、および上司や同僚などアライの方にお話を聞き、職場がLGBTフレンドリーになることによってどのようなポジティブな影響が起こっているかをお伝えします。

FTMトランスジェンダーの司法書士、Kiraさん

Interview 1

語り手：Kiraさん
聞き手：柳沢正和

● Kiraさんのご職業は？

　司法書士事務所を経営しています。司法書士とは、会社や不動産の登記簿が正しい情報になっていないと取引相手が困ってしまうので、それを適正な状態に保つことにより取引が正常にできるようお手伝いする仕事です。みなさんになじみがあるところでは、マイホーム購入時や相続時の不動産の名義変更手続き、会社の設立登記などでしょうか。また、そのほかに簡易裁判所において裁判を行ったりすることもあり、イメージとしては弁護士の縮小版、権利保護に特化したミニ弁護士のような感じですね。

● どういう変遷で司法書士に？

　女性から男性に性別を移行したFTMトランスジェンダーの私は、大学在学中から一般企業への就職に恐怖と不安を抱いていました。就職するためには当然のことながら就職活動をする必要がありますが、生物学的な性である「体の性」は女性でも「こころの性」が男性であるトランスジェンダーにとって、女性用のスーツを着ることは非常に抵抗があるんです。仮に女性用のスーツを我慢して着たとしても、メイクをしなくてはならなかったり、女物の鞄を持たないといけなかったり。普通の女子学生にとって正装である女物スーツは、私たちFTMトランスジェンダーにはコスプレでしかありません。そんなわけで、「こころの性」にのっとり男性用のスーツを着ることになるのですが、当時私の戸籍はま

だ女性のままでした。「女性の格好はしたくないけど、男性の格好をしていくと変に思われるかもしれない。でも、女性の格好をして女性として就職ができたとしても、いずれ自分は男性になる……」。トランスジェンダーの多くは、就職することや、社会に出るのがいやでいやでたまりません。トランスジェンダーにとって就職活動とは、見ず知らずの相手にカミングアウトを強要されていると感じる場合も多く、面接担当者によっては奇異の目にさらされるという過酷な修行のようなものだと思います。こういった経緯の末、私は手に職をつけた仕事に就こうといつの頃からか思うようになり、司法書士を目指すようになりました。

● それでは、開業するまで就職はしなかったのですか?

● いえ、大学卒業後、都内の司法書士事務所に就職しました。

● 司法書士事務所の面接では、性別についてはどうしていたのですか?

● 何社か受けてみたのですが、いずれも男物のスーツを着てネクタイを締めて面接に臨みました。履歴書の性別欄は特に丸をつけませんでしたが、それについて聞かれることはありませんでしたね。名前も幸い「〜子」ではなかったため、面接時には素敵な勘違いをしていただけて、「よく(女性と)間違えられない? 素敵な名前だね」といったやりとりも何度かありました。この頃にはすでにホルモン注射を打ちはじめて3年余りが経っていましたので、周囲からは私は男性に見えていたと思われます。

● 今、「ホルモン注射」というワードが出ましたが、ホルモン注射はどういうきっかけで打ちはじめたのですか?

● ホルモン注射は、「こころの性」に「体の性」を近づけるため、身体的に男性化するように男性ホルモンを投薬するという、性同一性障害の治療法のひとつです。身体が男性化することによりストレスが軽減されることが多いため、多くのトランスジェンダーが注射を打っています。私も注射を打ち、髭が生えたり声が低くなったりすることで心の平穏を

手に入れることができました。これといったきっかけはないのですが、漠然と社会に出るときには男性として世に出たいと思っていたので、二十歳になったら打とうと思っていました。

● すると、Kiraさんは男性として社会に出たわけですね。2004年には性同一性障害特例法が施行され、性別の変更ができるようになったわけですが、戸籍はいつ変更されたのですか？

● 　私は、2010年に変更しました。司法書士事務所に勤務していたほとんどの時間を、女性の戸籍で過ごしたことになりますね。私のなかでは、社会とどう向き合っていくかをじっくり考えることができた、とても大事な移行期でした。移行期の初期段階では、性別を変更する前までは戸籍上女性なので、保険証やその他の公的書類はすべて女性でした。見た目がどんなに男性に見えても、書類上女性であることが明らかであるため、最初から自分が女性から男性へ移行していると周りにカミングアウトしていると感じることが多かったです。これが、次の段階に入り戸籍上の性別が男性になると、見た目も男性、書類上も男性。一見、まったくの男性になるわけです。しかし、男性としてすべて扱われることになると、今度はいつか女性だったことがばれてしまうのではないかという、今までにはなかった危惧感が生まれました。社会とかかわる以上、どこまでいってもカミングアウトからは逃げられないんだなと思いました（笑）。

● ほかにも、就職後に困ったことはありましたか？

● 　不動産登記法の改正や犯罪収益移転防止法の施行等が重なり、事務所で働き続けるために住民票の提出が必要になったことがいちばん困りました。私はすでに男性として働いていましたが、戸籍は女性のまま。住民票には性別が載っている。これは困ったことになったぞ、と思い、一晩悩んだ末に、いやがられたらやめればいいやと覚悟を決め、翌日所長に深刻な顔で「お話があります」と言ったんですね。そしたら、すぐに

🧑「え、やめるの？」と言われて。「いや、僕はもともと女子なんです」と伝えたところ、「え？ あ、そうなの？ なんだそんなことかー、やめないでしょ？」って返ってきて。おかげさまでそのまま働かせていただけることになりました。ただ、ほかにも従業員がいたので、「ほかの方に言わなくていいですか？」と聞いたところ、「言わなくていいでしょ」って。これは、所長に受け容れられてすごくホッとしたと同時に、就職後に困ったいちばんの出来事でした。どこの事務所へ移っても住民票が必要だということは、転職する度にカミングアウトをしなければならないんだと気づかされてしまったんですから。社会人として、司法書士補助者としてかたちになるまでは事務所を移るわけにもやめるわけにもいかない。転職への道も、トランスジェンダーにとっては険しいものだと実感した瞬間でした。

🧑 **結局転職はしたのですか？**

🧑 いえ、結局8年間ほど同じ事務所にお世話になりました。手術の時も1カ月休みをいただいたりと、所長は私のバックグラウンドのいろいろなことにとても理解のある方でした。私はずっと、会社という社会、人が大勢がいる職場で働けるかどうか怖くて不安でしたが、所長のような方が一般企業にいるとわかっていたら、普通の会社への転職を試みてみてもよかったかもしれません。

🧑 **本当だったらこういう仕事をしたかった、っていうのはありますか？**

🧑 トランスジェンダーでなく何も性別の懸念事項がなかったら、将来を見据え大学もちゃんと通って、就職に向けて準備をしていたと思います。ちゃんと、自分が何をしたいのか、社会に対してどうしていくべきか考えたんじゃないでしょうか。性別のことで悩まなかったら、商社に入ってみたかったですね。

🧑 **なるほど。今は事務所を経営されているわけですが、お客様にカミングアウトをしていますか？**

● 今はカミングアウトするかどうか自分自身で決められますが、いまだに悩ましい問題ですね。LGBT間で話していると、パートナーと家を借りる時や買う時、入院時や相続時など、法律上の障害がたくさんあることに気づきます。法律関係でLGBTを支援できることならできる限り役に立ちたいと思っていますが、両親からは性別のことは公言しないでくれ、と頼まれており……。

● じゃあ、今も言ってないんですね。

● はい。お客様のほとんどは、私の性別に関することは知らないです。ですが、時期をみて、言うこともあるかもしれません。

● 話は変わりますが、大きな会社でトップの人に働きかけるのが自分しかいない場合、「雇われてる身だし、物申すにはやめるのを覚悟で」、ということになったりしますよね。こんな時、どうなるといいなと思いますか？

● 自分しかトップに働きかける人がいない場合、会社の規模こそ違えど、私自身もそうでしたが、やはりやめるのを覚悟で上申することになります。なので、どんな会社においても、話を聞いて、受け容れる、そんな態勢や体制が整ってくれたらいいですね。そのためには、まずはこういう人物がいる、ということを知っていただくことが大事なのかなと思っています。

● なるべく知っていただく機会を増やすこと。

● はい。ただ、この問題って、頭じゃなくて心、生理的な問題でもあるんです。「男同士とかマジ無理だから」みたいな人は私の周りにもいますし、一般的にもまだまだ多いと思います。緩やかに世論が動き、そういった人たちの感覚が変わっていったら素敵ですね。

● なるべく知っておいてもらったほうがいい、ということと同時に、理解があっても、そのことをわざわざ言い出しにくい、ということもありますよね。たとえばアライのシールとか、何らかのアライの発信があるといいと思いま

すか？

● 生理的にいやじゃないかどうかがわかるか否かだけでもだいぶ違いますね。会話のなかで、「俺ゲイの友達がいて」とか普通に出てきたりすると、「あ、この人になら言っても大丈夫かな」と思えたりします。そういったシールのようなものがあれば、わかりやすくていいかもしれません。

● 日常会話のなかで信号を送ってほしい？

● そうですね。「テレビで見たけど、二丁目に行ってみたいと思った」くらいでも十分です。LGBTに対して理解があるという態度がわかれば、私たちは非常に生活しやすくなります。今のところお客様にカミングアウトはしていませんが、そういった目印のようなものがあれば、こちらからお話することもあるかもしれないですね。

● これからどういう社会になっていったらいいと思います？

● 私たちがカミングアウトしたときに「そうなんですね」と偏見なく受け止めてくれるような社会になったらいいと思います。

● 出身〇〇県なんですね、くらいの感じですね。ちなみに、FTM、MTFの人たちって、性別移行や健康保険の問題もありますが、社会がどういう支援をしてくれたらいいと思いますか？

● FTMは性別変更するにあたっての手術はそこまで大変ではないのですが、MTFは手術内容によっては数カ月会社を休まないといけません。そこに会社の理解が得られたらいいなと思います。休まないといけないので、会社をやめてしまう人が圧倒的に多いんです。やめなくてよい環境が整っていれば、休んだあとも自分のキャリアを生かして働き続けられるし、より一生懸命働くと思います。

● 出産の時の産休みたいなイメージで制度的に確立されればってことですね。

● そうですね。もちろん、中長期的に休まなければならないことだけが

理由とは限りませんが、そのことを気にしてやめる方ってすごく多いと思います。まずは大きな会社から、確立されたらいいですね。大きな会社の背中を見て、中小企業は育ちますから。

● 最後に、これを読んでいる方に伝えたいことがあれば。

● 　生理的に無理だったらしょうがないですけど、LGBTだって普通の人です。まずは人として向き合って話をしてほしいです。今まで話してきたことも含め、すべては女性から男性へと移行した私の個人的な意見ですが、やはり人間、知らないことに対する恐れ、みたいなものがあるんじゃないでしょうか。誰しも知らないもの、自分と違いすぎるものに対して怖いと感じることがあると思います。そんな時、「自分と違うから、LGBTだからなんかいやだ」とひとくくりにせず、1人の人間として向き合って、膝を交えて話してみてほしいですね。「自分の子どもがもしLGBT当事者だったら」って考えると、他人事ではなくなるのではないでしょうか。この本をお読みの方にはぜひ、そんなことを心に留めながら、その人のいいところを見てほしいと思います。

● ありがとうございました。

外国人の同性のパートナーと結婚し、出産もした有田さん

Interview 2

👤 語り手 : 有田理香さん（外資系IT系企業の人事部）
👤 聞き手 : 柳沢正和

👤 有田さんは、ご職業は外資系IT企業の人事ということですが、結婚と出産を経験されているんですよね？

　2007年からアメリカ人の女性のパートナーとおつきあいをしていて、アメリカで最初に同性婚を合法化したマサチューセッツ州のボストンで、2011年の5月に結婚しました。

👤 日本では同性の方と結婚できないからアメリカで？

　2011年の震災をきっかけに、これからパートナーと家族として生きていくにはどうしたらいいのかなと考えはじめて、その選択肢のひとつとして結婚というかたちをとりました。国籍の違うカップルですので、現状、彼女がワーキングビザで日本に滞在するという方法をとっていますが、家族になるために何か方法がないかと模索していて……。

👤 結婚して、子どもを産むという選択肢をとることに。

　パートナーが、かねてから子どもがほしいという強い希望をもっていたので、ふたりで数年間、今後どういうふうに生きていきたいのかを考えていました。ちょうどいいタイミングで、知人にドナーになってもいいよと手を挙げてくれた方がいて、産むという方法をとるのであれば年齢の限界もあるし、トライしてみて授からなければまた別の方法もあると思い、チャレンジに踏み切りました。

👤 出産の決定に至るまで、会社とのかかわりは？

🔵 たいへん幸運なことに、私の勤めている会社はLGBTに寛容な企業で、本社はサンフランシスコのプライドパレードにも参加しています。日本の支社もとてもフレンドリーな環境で、私のいるチームもそう。ですので、入社当時から、同僚にも同性のパートナーがいるという話はしていました。

👤 入社前から、LGBTフレンドリーな企業だと知っていたのですか？

🔵 そうですね。たくさんのLGBTの社員がいるということは知っていて、それは「この企業でお仕事したい」という決め手のひとつにもなりました。

👤 実際、職場でアクションしていく時に、スムーズではないこともあると思うのですが？

🔵 本当にカミングアウトってパーソナルなことなので、一概にするほうがいいとか悪いとかではなく、自分と相手との信頼関係のもとにあるものだと思います。私も同僚や上司に、パートナーがいるというプライベートな話を突然はじめたのではなく、何度も顔を合わせて食事をしたり、オフの時間をいっしょに過ごしたりするようになって信頼できるようになった人に、お互い仕事のことだけでなく家族の話もできるという確信をした上で、話をしようと決めました。

👤 その確信というのは、どういうところから？

🔵 日頃の会話のなかからですね。小さなことなんですけど、私は女性ですし、アジア人であって、そういった自分の属性に関して何か先入観がある人なのかな？ 偏見があるような発言をする人なのかな？ といったことは気にしています。

👤 同僚や上司の方がどういう信号を出していたら、安心して話ができますか？

🔵 いちばん私にとってわかりやすかったのは、職場にゲイであることを

カミングアウトし男性のパートナーと子どもを育てている人など、LGBTの社員の人たちが何人もいて、そういう人たちといい信頼関係を築いて仕事をしている姿を見ることができたことです。

● 日本国内にある企業ですと、カミングアウトしている人が誰もいないという場合が多いですよね。そういった場合に、上司や同僚がLGBTフレンドリーであるというサインを送るとしたら、どういうことがあると思いますか？

● 「休日は何をしていたの？」というようなプライベートな話をする方は多いと思うのですが、そういった際に、たとえば男性の従業員に「彼女がいるの？」といった聞き方ではなく「恋人」というふうに性別を特定しない話し方をする、また最近では、LGBT関連の報道やメディアでの露出も増えているので、そういったトピックに対してフレンドリーなコメントがあると、非常にわかりやすいのではないかと思います。

● 結婚すると職場の方たちにお話したと思いますが、どなたから話をはじめましたか？

● 私の場合は、今の会社に入社する前にもう結婚していたので、入社してからは「女性のパートナーがいて、アメリカで結婚しているんです」という事実を伝えていました。子どもを妊娠してからは、チームのみんなと食事に行った際に「パートナーと決断して、子どもを授かりました」という話をしました。

● その時の反応は？

● セレブレーションですね。みんなとてもあたたかくて「またファミリーが増えるね」とお祝いしてくれました。

● 前の会社にいた時、すでにご結婚されていたということですが、その時は？

● これもちょっとレアなケースかもしれませんが、私の前職の直属の上司もLGBTでした。上司が2回ほど変わりましたが、両名ともLGBT。1人がゲイ、もう1人がレズビアンで女性のパートナーとお子さんを育

👤 ている方でした。結婚の報告をした際には、自分のことのように喜んでくれました。

👤 転職をした際には、たとえば会社内の人事にはどのようにコミュニケーションをしましたか？

👤 私も人事部で仕事をしていますので、同僚には早い段階で伝えました。直属の上司のさらに上の上司は日本国外にいるため、メールや電話でやりとりをしていてあまり顔を合わす機会がないのと、比較的、保守的な地域の出身の方だったので、自分の直属の上司に「こういう話をしようと思うんだけど、どう思う？」と意見を聞いてみました。じかに顔を見てコミュニケーションをとる機会が少ない方に対しては少々緊張もしましたが、日本に出張で来ていた際に、直接伝えることができました。

👤 言いやすそうな人からタイミングを見て言っていく、ということですね。今の会社で、近い同僚以外に、ふとしたきっかけでプライベートな話をすることもあると思いますが、どういうふうに対応をしていますか？

👤 私はパートナーという言葉を使って、婚姻関係にある人がいるというようなニュアンスを漂わせています。実際にあった出来事なのですが、パートナーという単語で察してくださる方もいれば、まったくわからない方もいて、わからない方は頭に「？」が浮かんでいるのがわかるんですね。

👤 パートナーという言葉でわかる人もいるし、そうじゃない人もいる、ということですね。

👤 そうですね。実際に本人の目の前にパートナーを連れてきて「私のパートナーです」と紹介しても、それでもどういうことなんだろう？　とわからない人もいました。そういった際には1から「こういう関係なんです。家族なんです」とお話させていただきます。

👤 海外で結婚しているカップルであっても、日本では同性の婚姻関係は認めら

🔵 れていませんよね。そういったなかでも、会社で何か利用できる制度などはありますか？

⚫ 会社では、健診にかかわる費用補助のシステムがあって、そちらは利用させていただいています。

🔵 具体的には？

⚫ 同性婚が合法化されていない国で働いている従業員に対しても、パートナーと同居を証明する住民票を提出すれば、異性婚をしている従業員の配偶者と同じように健診にかかわる費用補助をしてくれるんです。

🔵 そうなんですね。出産ということになると、産休というまた別の制度もありますね。

⚫ 今回、私は自分が産む立場だったので、出産前から産休を取得して、出産後も育休を取得して、仕事に復帰しました。私のパートナーも子どもが生まれてから家で過ごす時間をとりたいということで、2週間の休暇を申請しました。彼女は今の会社に10年近く勤めているのですが、あまりプライベートなことを話すタイプではなく、もちろん同性のパートナーがいることも1度も話したことはなかったので、ずいぶん葛藤もあったようです。しかし、今後、子どもの体調不良などで、早退や遅刻もあるかもしれないとうことで、あらかじめどういう経緯で休みを取得したいのかを、上司の方に相談しました。

🔵 パートナーの方が働いている会社は日本の会社ですか？

⚫ そうです。小さな家族的な会社で、長らくお仕事をしていたこともあり信頼関係もあったので、いったん話そうと決めてからはスムーズにいったようです。自分が出産するほうの女性はスムーズに会社の制度を利用できるかもしれないですが、産まないほうの女性や、結婚をしていないゲイの男性が育休をとりたい場合に会社のサポートを得られるかどうかなどは、今後の課題だと思います。

● こういう制度がないととてもじゃないけど働けない、というようなことはありますか？　今はハッピーだと思うんですが、万が一、転職するとしたらどうでしょう。

● たとえば、日本にこれからも住んでいくのであれば、結婚しているカップルと同じように、税金の扶養控除であるとか、保険など、そういったものもあると、よりいっそうお仕事しやすくなると思います。私たちの場合、国籍も違うので、彼女はワーキングビザを取得し続けなければ日本に滞在できないんです。企業の範疇を超えてしまう大きな話ですけども、そういった枠組みが今後変わっていくといいなと思います。

● 今、日本の企業が少しずつ施策をはじめていますが、何から取り組めばいいと思われますか？

● LGBTの従業員の方が同僚や上司の方とお話する際、自分のことをより知ってもらいたい、自分のことをもっと話したいと思った時に、自分がLGBTであると話すことが、これまで築いてきた信頼関係を損なうことになるのでは？　とか、これまでと同じように仕事ができなくなるのでは？　違う目で見られてしまうのでは？　と心配して、一歩踏み出すことができないケースが本当にたくさんあるんです。まず会社として、性的指向や性自認で社員を差別することのない環境であるということが、自社のウェブサイトや社内規定などに明文化されると、安心できると思います。また、会社に誰でも使用できる多目的トイレのようなファシリティがあると、男女どちらかのトイレを使用するのに躊躇してしまう人にも安心してもらえるのではないかと思います。私は人事内の採用業務にかかわっているのですが、求人の応募書類を提出する段階で履歴書の性別欄に記入をしなくてもよいとか、性別欄そのものをなくして応募ができるような仕組みにするなど、選考や入社の段階から少しずつ制度を変えていって、できれば入社後は、社内でLGBTやそうでない人にも安心して仕事ができる多様な職場環境についてトレーニングができると、よりいいのではないかと思います。

● 当事者であっても、現状に絶望する人もいますよね。有田さんの先駆的な経験のなかから、何かメッセージをお願いします。

● 今勤めている会社で信頼関係を築いて長くキャリアを構築していきたい、自分のことを包み隠さず話せる、安心できる環境でもっともっとよいパフォーマンスを出して会社に貢献したい、と考えた時に、カミングアウトするという選択肢を選びたい、自分はこういう人間ですと話したいと思っているLGBT当事者の方がたくさんいらっしゃいます。これは遠い外国の話なのではなく、皆さんの会社のなかにも必ずLGBTはいるんです。そういう方が、職場で自分のことやパートナーや家族の話をしてもなんら変わりない、あくまでも仕事にフォーカスしていけるような職場づくり、そういうカルチャーを醸成していくことが今後、大事になっていくのかな、と思います。

● どうもありがとうございました。

10年前からLGBT社内ネットワークを設立し、成果を挙げてきた外資系金融企業の取り組み

Interview 3

🔵 語り手：ゴールドマン・サックス・ジャパン・ホールディングス テクノロジー部 ヴァイス・プレジデント 三木健太郎さん

🔵 聞き手：柳沢正和

⚫ ゴールドマン・サックス（以下GS）とはどういう会社で、どういう業務を行っているんでしょうか。

🔵 投資銀行業務、セールストレーディング業務を中心に、投資業務、資産運用、不動産業務などを含む幅広い金融サービスを提供しています。

⚫ いわゆる外資系金融企業というカテゴリーですね。

🔵 そうですね。日本においてはそういう扱いになると思います。

⚫ LGBTへの取り組みはいつ頃から？

🔵 アメリカでは2001年から、東京でLGBTネットワークが設立されたのは2005年です。

⚫ どういうきっかけで設立されたんでしょう？

🔵 ニューヨークでやっていることをロンドン、アジアでも広げたほうがいいんじゃないかという会社の方針から、アジアで最初のネットワークとして、東京でスタートさせようということで設立されました。

⚫ ということは、会社の方針として、いわゆるトップダウンとして、何か活動をしようということでつくられたと。

● そうですね。LGBTネットワークができる前から女性のネットワークや障がい者のネットワークがすでにありました。その流れで、社内ネットワークのひとつとしてLGBTもつくりましょうということで。

● 人事部が率先して、ということですか？

● そうですね。人事部のグローバル・リーダーシップ・ダイバーシティという部門が中心となって、ネットワークの設立を働きかけたというかたちです。

● ネットワークのなかに入ったメンバーは、最初どうスタートしたんですか？　この人ゲイっぽいな、という人に人事から問い合わせがあった？

● たまたまダイバーシティの担当者がLGBTの当事者でもあって、その人が1人のゲイとしてスタートさせました。

● なるほど。2005年からかれこれ10年くらい経つわけですが、ネットワークはその後、どのように発展してきたんでしょう？

● 2005年には1人ではじまったのが、口コミじゃないですけど、少しずつ当事者が増えていって。最初の5年くらいはごく限られた人数の閉じられたネットワークだったんですが、アライと呼ばれるストレートの方も参加するようになって、今ではMDアライと呼ばれる管理職であるマネージング・ディレクター（MD）を各部門から1名ずつ選出し、LGBTネットワークをサポートする担当者となってもらっています。10年かけてやっと大きなネットワークになりました。ただ、今でもやっぱり当事者の数は少なくて、大半はアライの人たちです。組織としては、スポンサーもつき、部門長がサポートして、ステアリングコミッティ（運営委員会）のメンバーが中心になって活動しています。

● 最初、当事者だけだった時は、三木さんがジョインする前だと思いますが、どのような活動をしていたんでしょう？

● 2007年に私が入った当時は、当事者が集まってご飯を食べに行ったり

● ……。

● いわゆるネットワーキング。

● 活動内容ってそれくらいしかなかったです。ランチとかディナーに行って、職場での悩みを相談したり、LGBTでないとわからない話をしたり。それが、アライの人も入ってくるようになって、LGBTネットワークが外側から見て何をやってるのかわからないっていう大きな疑問があったので、もう少し可視化しよう、社員の意識を高めることをしようということになりました。そこで、社内のスピーカーイベントに参加したり、外部の方を招いてLGBTについて語っていただくイベントを開催したり、LGBTの学生がつくっている映画を上映したり。

● なるほど。

● それでだんだん、部門長のサポートも得られるようになってきました。2009年にはリクルーティングのイベントをやれるようになりました。それから、東京LGBTインターバンクフォーラム（金融業界に勤務するLGBTの団体。現在は「LGBTファイナンス」）のネットワークでプライドパレードや東京国際レズビアン＆ゲイ映画祭に参加したり、GSがLGBTをサポートしていることを外部にアピールするような活動もだんだん増えていきました。

● 可視化させて、社員や外側に働きかけることで得られた成果ってどういうことがありました？

● 最初は「そもそもLGBTっていうのがGSのなかに存在しているのか？」という状態だったんですが、ストレートの社員の方からのフィードバックがすごく増えましたし、彼らの認識が大きく変わったと思います。今は全社員に向けてニュースレターも発行されています。成果としては非常に大きかったと思います。

● 社員の意識を高める上で、どんなことがいちばん効果がありました？

● たとえばGSの東京オフィスには日本人もたくさんいるので、日本人の当事者の方を外部からお呼びして社内の大きな会議室でやったイベントは、非常に反応もよくて。いろんな方から「本当にこのセッションに出てよかった」とか、「勉強になりました」とか、「今まで聞いたことのないような話で、とてもよかったです」とか、ポジティブなフィードバックがたくさんありました。特に、日本人のなかではなんとなく、外国の問題だとか、日本人にはいないんじゃないかという認識の人が多かったので、とても効果があったと思います。

● 逆にあまり効果がなかったと思われることってあります？

● 効果はあると思うのですが、なかなか思うようには浸透していないなと思うのはLGBTのトレーニングですね。ダイバーシティトレーニングの一環としてLGBTも取り上げているんですけど、出られる人数も限られていたり、数ある研修セッションのなかであえてLGBTを選ぶ人はさほど多くはないので、そこは広げていく必要があるのかな、とは思っています。

● なるほど。そういう、社員のアウェアネス（気づき）を高めるっていうことをどういうふうに成果として測ってモニターしているんでしょう？

● 具体的には、会社で世界中の全社員に対してアンケート調査を2年に1回行っていますね。会社への満足度とか勤続年数だとかについて答える無記名の調査なんですが、そのなかに「あなたの性的指向は？」という質問があって、ゲイなのかレズビアンなのかストレートなのか（答えたくない、という選択肢もあり）、について回答できるようになってるんですね。つまり、LGBTの社員が会社に対してどういった点に満足しているのか、また不満をもっているのかを会社が把握できるようになっているんです。こういう調査を通じて、ある程度はモニターできているんだと思います。

● 社員アウェアネスの次の段階として、アライを増やす、部門長とか経営陣が

アライになるという段階があったと思うんですが、全然違う組織に変わっていくわけですよね。そういったなかで、どういったことがチャレンジングでした？

- 同じ会社のなかでも、理解が浸透しやすい部門とそうじゃない部門が分かれてしまうんですね。理由はいろいろあると思うけれど、ダイバーシティのトレーニングや、スピーカーセッションへの参加率が低い部門があります。部門長が、参加を促してもなかなか業務が忙しく、席を外せなかったりするようです。そうした部門では、LGBTに限ったことではなく、女性社員の定着率も他部門に比べて低い傾向にあるようです。

それはどうやって改善されていくんでしょう。

- 部門として、多様性を尊重し、インクルーシブな環境をつくっていく以外にはないと思います。女性が働きやすい部門であれば、LGBTにとっても働きやすい。経営陣のなかにも部門間の温度差に対する問題意識はあるので、今後どのように解決していくか、議論が行われています。

ということは、トップが取り組むということが重要であるということですね。

- はい、そうですね。トップのコミットメントが非常に重要だと思います。

トップのコミットメントと言った時に、具体的にはどういうことが望まれるんでしょう。

- LGBTのトレーニングやスピーカーイベントには、ある一定数以上の人に参加してもらいたいので、MDアライから積極的に社員の参加を促してもらうなど、まず部門内での意識を高めるところからやっていく必要があります。またネットワークとしても人事部と協力しながら、できる限り多くの社員が参加できるように、部門別にトレーニングやイベントを企画するといったこともやっています。

そういうアライを組み込んでいきながら、今度は外に出て行くっていうこと

で、ひとつ例として挙げていただいたのはリクルーティング、もうひとつはさまざまなイベントだったと思うんですが、まずリクルーティングについて、LGBT向けの会社説明会を行う意義っていうのはどのようにお考えですか？

● 一般の会社説明会では、たとえば「同性カップルの福利厚生にはどういうものがあるんでしょうか？」といったことは、なかなか聞けないですよね。そういうことも、LGBT向け説明会なら聞きやすいと思います。当事者ならではの事柄について、ざっくばらんに話せるという点でいいと思いますね。あとは実際に社内で活躍しているLGBTを学生たちに紹介できるという点でも意義のあるものだと思っています。

● なるほど。先ほど、パレードや映画祭に参加しているというお話がありましたが、それはどういった目的で？

● GSがLGBTをサポートしているというメッセージを社会に伝えると同時に、実は、GSを働く場のひとつとして考えてほしいというリクルーティングの観点からの目的もあります。

● そういう外部への働きかけを通じて、実際に成果が挙がってきていますか？

● LGBT向け会社説明会に出席して入社した人がネットワークに参加するようになったり、GSがLGBTをサポートしているという話を聞いて転職してきたり、という例もあって、成果が確実に出てきているんだなと感じます。

● 今やっていないことで、今後実現したいことってありますか？

● 新卒の学生向けの説明会っていうのはもう5年目になるんですけども、中途の採用についての戦略がまだ確立していないので、そこの部分に力を入れていきたいと思っています。最近日本でもLGBTを対象とした人材エージェントが出てきているので、そういうところと連携しながら、中途についてもLGBTを採用していきたいです。ネットワークの課題としては、当事者が参加してオープンにできる環境づくりをしていきたい

👤 ですね。

👤 オープンなものになるためには何が課題になるんでしょう?

　👤 会社や自分の所属している部門全体で多様性が浸透していると感じられないと、なかなかカミングアウトできないと思うので、LGBTに限らず多様性がどの部門でも実現するようにしていく、ということが重要だと思います。

👤 LGBTと言った時によく、LとGは可視化されやすいけどそれ以外の人たちへの取り組みをどうするのかということが課題として挙げられると思うんです。御社ではどのように取り組まれていますか?

　👤 東京オフィスに限っていえば、そもそもまだトランスジェンダーの方が見えていないので、ユニバーサルトイレは少数あるが、まだ整備は不十分かもしれません。鶏が先か卵が先かじゃないですが、去年はアジアのスピーカーイベントにトランスジェンダーの方をお呼びして、どういうものが会社にあればいいのかという学びのセッションを設けて、人事部にも同席してもらいました。少なくともこれからアジアのオフィスでやっていかなければいけないことを認識しはじめた段階です。これからだと思います。

👤 これから取り組みがようやくスタートという会社も多いと思うんですが、これまでの経験から何かアドバイスなどをお願いできますか。

　👤 GSのネットワークも、10年かかってやっとこのステージに来たか、という感じです。やはりトップのコミットメント、いかに上のほうが強い意志をもってやるか、というところがキーになってくると思います。これはやらなければいけないんだ、と。

👤 逆に御社の場合は、なぜそれができたのでしょう?

　👤 会社の方針として、ダイバーシティは必須になっているからです。GSの経営理念にも、ダイバーシティは選択肢ではなく、我々のあるべ

き姿なんです、と謳っています。それは経営陣はもちろん全社員が守らなければいけない理念ですから。そこから来ていると思いますね。

● 理念としてダイバーシティを掲げているっていうのは、どういう理由なんでしょう？

● グローバルな金融サービス業では、本当に多種多様なお客様がいらっしゃいます。それに対応できるチームや商品、ソリューションを提供するには、社員自身も多様化されていないといけない。そういうところから来ているんだと思います。

● なるほど。ほかに何か伝えたいことはありますか？

● LGBTへの取り組みは外資系だけが進んでいると思われがちなんですが、実は日本企業でもやっていたり、小さな会社でもLGBTがカミングアウトしていることってけっこうあるんじゃないかな、と思うので、そういう会社のことも積極的に知っていってもらえたらいいのかな、と思いました。

● ありがとうございます。

第1回 「work with pride」を立ち上げたパイオニア、日本IBMの取り組み

Interview 4

🔵 語り手：日本IBM株式会社　ダイバーシティ・人事広報部長　梅田惠さん

⚫ 聞き手：柳沢正和

⚫ 「work with pride」は2012年にIBMさん主催でスタートしました。そもそもどういうきっかけで携わるようになったのか、教えていただけますか？

🔵 まず、IBMは、違いがある多様なバックグラウンドをもった人たちの違いをならしてしまうのではなく、違いを競争力として、マーケティングだとか製品戦略に生かしていくという考えで、LGBTのことも当然、というスタンスでした。アメリカ本社では、どのような人に対してもフェアに対応する「イコール・オポチュニティ」に関するポリシーレターを1950年代から出しています。全社員が見えるところ、外からも見えるところに入れているんですけども、そこにLGBTという文字が加わったのが、1980年代半ば。社員のなかから、そういうリクエストがあったからです。

⚫ 先進的ですね。

🔵 1995年に当時の経営者だったガースナーが、本格的にダイバーシティを企業戦略の中心のひとつに据えると宣言して、米国本社でダイバーシティ推進の8つの委員会ができたんですけど、そのなかにLGBTも入っていた。カミングアウトしてるエグゼクティブもいて。会社として大きな枠組みとしてLGBTに注目するようになり。1996年には米国本社で福利厚生プログラムの対象を同性のカップルを含む事実婚にも拡大しまし

た。同年、LGBTの団体から、"勇気ある企業"として表彰されています。女性などと同じようにLGBTについても取り組みを行っていました。

- 日本で「work with pride」をやるようになったのは？

- 「work with pride」をやるきっかけは、アメリカの本社にトニー・テニセラというコミュニティのリーダー、ゲイであることをカムアウトしているエグゼクティブがいて、彼と人権団体「ヒューマン・ライツ・ウォッチ」の代表が話をして、LGBTの人権についていろんな国で啓蒙を、ということになり、アジアのなかでは日本でできる可能性があるのではないかということで、ヒューマン・ライツ・ウォッチ日本の土井香苗さんと本社のトニーが電話会議をして、イベントをやろうということになったんです。ちょうど日本IBMでも、LGBTを支援していることを外に言っていこうとしていた時期で、明治学院大学で開催された「セクシュアルマイノリティを理解する週間」というアウェアネス・イベントにブース出展することにしたんですが、そこで認定NPO法人グッド・エイジング・エールズ代表の松中権さんに会ったりもしていて。その後に「work with pride」をやることになったんですが、LGBTへの認知を高めていくにあたり、オネエ系とかではない素のLGBTの思いを見せていきたいという気持ちがあったので、グッド・エイジング・エールズさんに入ってもらって、やることになりました。

- 当時は、世間にLGBTという言葉もあまり浸透していませんでした。梅田さん自身が「work with pride」に取り組もうと思ったのはどういう気持ちで？

- まず、イベントにブース出展したきっかけが、2008年に入社した若いLGBTから「女性とかの活動に比べると、ローキー（控えめ）でがっかりしました」という声を聞いたからなんで。「自分たちは、大学時代は周りにもカミングアウトしてた。けど、会社に入ったらしてはいけないとアドバイスされた。居心地が悪い。IBMの当事者の集まりでは、でき

るだけリスクがないように、ローキーでやってほしいと言われた」と。そのとき、同じ当事者でも世代によって違うんだな、と悟りました。私としては、若い人の声に応えたいと、うずうずしていて。私たちの世代にとっては、NPOというと肩肘を張ったものというイメージがありますが、グッド・エイジング・エールズの方たちに接して、本業もありつつ、使命感をもってNPO活動を軽やかにやっていることに、心を打たれた。1回きりのイベントで終わりだろうと思ってたのが、若い人たちの希望の光になるのであれば、という思いで、気づけば「続きます」と宣言していました。

● 本当にうれしかったです。第2回は会場を変えてやろうというのも、梅田さんのアイデアでしたね。

● 　当事者の人から「イベントに出たいけど、LGBTっていう冠だと出にくい。ダイバーシティっていう冠だといい。社内だと出づらいけど、ほかの会場であるんだったら有休とってでも行く」という意見があったのを覚えていたんです。毎回会場を変えれば、当事者の出席者がそれだけ増えるかなと。続けてイベントをやっていくからには、当事者以外の人にもかかわってもらわないといけないので、アライも増えるかなということもあって。「IBMは外資系だからできるんでしょ」と今までさんざん言われてきたんですが、次は絶対、日系の企業にバトンを渡したいという思いもあった。そこで、もともと女性活用で苦労を共にしてきたソニーやパナソニックのダイバーシティ担当に声をかけて。かなり前からいっしょにやろうと言ってはいたけど、女性活躍推進もまだできていないのに、と尻込みをしている状況でした。けど、世の中の変化とか、私がやってきたことを見て、数年前からいっしょにやるための根回しや準備をしてくれていました。彼女たちも第1回のwork with prideに参加してくれているのです。日本を代表するメーカーの2社に続けて会場を提供してもらうことができて本当によかった。

● 回を重ねるごとに参加者が増えていきましたが、その秘訣は？

● それはやってる人たちが楽しげにやっているからだと思います。1人でやってるものって無謀な人がおかしなことをやってるっていうふうに見えたりするけど、2人、3人って増えていくと、楽しそうだから覗いてみようっていう気になるんですよね。ブレイクポイントがソニーさん。ソニーさんに入っていただいたことで、人企連(東京人権啓発企業連絡会)につながりができて。それまであまり人権という観点で語ってこなかったんですが、人権の課題としても考えましょうという観点が入って。パナソニックさんもその切り口で入っていただいたり。

● そういう広がりみたいなことが3年間の成果ですね。梅田さんから見た成果と、今後の課題を教えてください。

● 成果としてはやはり、認知度が広がった。本質的な議論にしていくことが課題。

● 知ることだけじゃなくて。

● 当事者に対して本当に何が必要なのか。人事部にも、当事者にも変わってもらわないといけない部分があると思います。

● では、日本IBMがこれまで、社内でどのようにLGBTのことに取り組んできたか、教えてください。

● 2004年から、当事者が中心になって活動をはじめました。

● まずは当事者グループから。

● いかんせん、当事者がいないと、具体的な活動に結びつかない。IBM流のダイバーシティの進め方は、まず当事者が自分たちのキャリア課題を分析して、解決策を経営に提言していくというのが推進力なのです。LGBTに関しては2003年当時、四半期に1度、アノニマス(匿名)に参加できるグローバルな電話会議が定期的に開催されていて、日本からも継続して参加している人がいるので、「取り組みをはじめなさい」という指示が私の前任者に本社からおりてきたのだそうです。ナレッジを広

げるために、英国大使館主催の「多様性を理解するためのブラウンバッグ・ランチ」に行って、そこでよく知ってる同僚に会って、「あなただったんですね」と。彼が「ほかにもいるんですよ」と言って、人事部にカミングアウトしてくれる人が5人ほど現れて。最初は少人数だったんですが、当時は執行役員で現副社長の下野雅承さんがスポンサーエグゼクティブとしてサポートしてくれることになり、以来、日本IBMとしても公式の活動としてやってきたんです。

🧑 **日本IBMでの取り組みとしては、当事者グループができて、スポンサーがついて。その後はどのように？**

🧑 最初は四半期に1度、集まって会議をしていて。どういう方向性でこのコミュニティを広げていくかとか、カミングアウトしていく人を増やせないかということが、検討事項だったと聞いています。集まる場所や時間帯に当事者が制約を感じていて、時間外にやったり、社員があまりいない役員フロアの会議室を使ったり。最初はそんなにオープンではなかった。それが、だんだん、若い人たちが入ってくるようになって、2008年には社外にも支援宣言をしてほしいという要望が出てきた。ちょうどIBMの海外支社の体制が大きく変わったときで、ダイバーシティの体制も変えようと。定期的に新聞記者と懇談会を設けていたので、そこで、実は2004年からLGBTに取り組んでいましたと発表しました。それでメンバーも勢いづいて、独自にポスターをつくって、社内に貼って啓蒙活動をはじめたり。2008年から2009年にかけて盛んにやってました。でも思ったほど当事者が集まらなかった。ということもあって、社外の活動にも目を向けていくことになったのが2010年〜2011年頃。

🧑 **パレードに協賛したり、同性カップルにも結婚祝い金を支給するようになったんですね。**

🧑 2008年から当事者グループに接するようになったんですけど、初めはすごく警戒されて。リーダーにしか会えなかった。それだけ知られるリ

🧑 スクを感じていたようです。十何人もメンバーがいたのに、みんなに会えたのは2年後でした。

🧑 そうでしたか。今はいろんな制度もできて。2012年には「Tokyo SuperStar Awards」（多様性尊重の経営に取り組む企業や社会とLGBTの架け橋として活躍した人を表彰するアワード）で企業賞を受賞し、副社長さんが受賞スピーチをされました。そんな日本でも先進的な企業として、これからどんなことにチャレンジしていこうとお考えですか？

🧑 　同じLGBTでも、世代間の価値観が大きく違う。若い人たちのニーズに応えられるものをどれだけ出していけるか。結婚もそうですよね。子どもをもちたいとか、年金とか介護とか。育児と介護って社員にとって人生の2大イベントだと言われていますけど、同性パートナーに対してもどこまで応えていけるか。それってやっぱり、当事者から声を上げてもらえないと、制度を変えていくことが難しい。どうやって共同作業でやっていけるか。40代以上の当事者の方は、ずっと周りに言わないことで平和にやってきて、そういう人たちがいきなり会社でカミングアウトしろと言われても戸惑うのは当然。無理にではなく、環境が整ってるなかで育ってきた若い人たちを応援することと同時に励ましていければと思います。社会の変化も価値観も多様化していて、スピードが速くなっているので、若い人たちが将来に対して明るい気持ちをもてないようであれば、これは自分たちの世代の責任でもあるかな、と。

🧑 素晴らしい。これからLGBTに取り組むという企業もたくさんあって、そういうところに呼ばれて話す機会もあると思うんですが、何かアドバイスを。

🧑 　ダイバーシティって福利厚生施策ではない。だから、必要な人に、必要な手をいかに早く打てるかでいいと思っている。いろんな会社の人事の方が、不平等が起きないようにと懸念して……。

🧑 「特別扱い」になるんじゃないかと。

🧑 　それは言い訳なんじゃないかと思うんですが。女性がまだできてない

のにって。あとは、言い出せる人にお金が行く仕組みは不公平だって言う人もいる。勇気がもてる人が少しでも増えたらいい。価値観が多様化してるなかで、石橋を叩いて壊すのではなく、進めていけばいいと思う。人事制度を変えるのは簡単じゃないことは重々承知ですけどね。

● なかなか梅田さんのような人にめぐりあえる当事者も少ないと思います。当事者に向けて何かメッセージをお願いします。

● いろいろ、つらい経験をされてる方もいらっしゃる。本人が真摯に生きてることは周りにも伝わっています。大変でしょうが、当事者の方もある程度の勇気をもって第1歩を踏み出してもらえたら、と思います。そういう人が1人、2人と増えていけば、理解者は何倍にもなると思う。女性もそう。女性も長年やってきてる。こういうことをしたらこう思われるにちがいないっていう気持ちにとらわれていて、やってみたらそうでもなかったっていうことが多かったりする。「当事者じゃないから簡単に言えるんだよ」って言われるけど、私も女性として痛い目にあってきたから。時代は変わってきているので、ぜひ、怖れず、勇気を出してもらえたら。独りで悩むより、2人、3人で悩めば解決するいとぐちになります。まずはオープンに。

● どうもありがとうございます。

第2回「work with pride」に日系企業として初めて会場提供したソニーの取り組み

Interview 5

● 語り手 ： ソニー株式会社人事センターダイバーシティ開発部
　　　　　ヒューマンライツ推進室室長 成毛雅行さん

● 聞き手 ： 柳沢正和

● 成毛さんは2013年の「work with pride」にホスト企業の担当者としてご参加くださいました。そのきっかけを教えてください。

● 　当時上司だった萩原貴子が会合で虹色ダイバーシティの村木さんと名刺交換させていただいて、翌日村木さんが弊社に来られた。その時にお話をしたのが最初のきっかけです。それまではまったく、LGBTに取り組むとか、そういう強い意識も認識もなくて、お話を聞いて、資料もまとまっていて、わかりやすかったんですね。そこでソニーのグループ会社で講演をお願いしたいと。実際に村木さんの講演を聞いたのは、静岡の事業所で。ダイバーシティ責任者会議の際です。

● いろんなグループのダイバーシティの責任者が集まる？

● 　その時は中部地区の製造事業所のダイバーシティ責任者。この会議ではダイバーシティの取り組みに関する情報を共有します。たとえば障がい者雇用に関する法改正のこととか。各事業所からは、年間活動などの報告があります。また、毎回ゲストスピーカーを呼んで、ダイバーシティに関する講演会やワークショップをやっている。そこで村木さんにご講演いただいた。非常に好評でした。そこから頻繁に村木さんにお願いし、勉強会をやりました。何回かやってるとずいぶん頭に入ってくるし、お話いただいた事例なんて、まさに「あるある」と。企業として考えな

いといけないね、と。

● 静岡の講演会のときに、やはりある程度、フィードバックや感想なんかもあったと思いますが、どうでした？

● 　静岡って、東京からちょっと離れてる。ご存じのように、首都圏から離れてる場所ってコンサバティブな文化もあるし、LGBTという言葉も浸透していない地域で、果たしてこういう勉強会をやって大丈夫かな？　という心配があった。しかし、終わってから出席者のアンケートを読むと、「よくわかった」「腑に落ちた」「知らなかった、これから気をつけて、文化を変えていかないと」といった感想がたくさん。「家に帰って家族にも話す」という人もいた。これでもう手応えをつかんだので、そのあとは本社の人事周辺だとか、中央にだんだん近づいていって。

● 地方からはじまって、本社でも勉強会をやるように。

● 　静岡でそういった状況だったので、言わずもがなで、中央に来るにつれて、さらに反応がよくなってきて。これは取り組まなきゃいけないことなんだな、と。そんな矢先、IBMの梅田さんから、2013年の「work with pride」のホスト企業を探してるということで、萩原と私にご相談があって。ただ話を聞くだけのつもりだったんですが、結果、「うちでやります」と回答してた。帰り道、「どうすんの？」って。「やるっきゃないね」と。

● 気持ちが少しずつ変わってきたんですね。「やります」のお返事のあと、半年くらい準備をかけてくださって。上層部に打診して承認をとったりとか、大変なこともあったと思います。

● 　当時ソニーではダイバーシティの推進、特に女性の活躍推進に力を入れていて、前年から「ダイバーシティステートメント」を発表すべく準備をしていました。そこに、当然のようにLGBTへの取り組みも入っていた。これが追い風になった。2013年5月に「ダイバーシティステートメント」が発行されました。そこから、11月の「work with pride」に

🧑 向けて、関係する部署の了解を得る作業に入って。「早すぎるんじゃないか」とか、ネガティブな反応もありつつ、何とか関係者の了解を取り付けました。

🧑 なるほど……。ご苦労があったんですね。

🔵 ただ、「work with pride 2013」は大成功に終わったし、『週刊エコノミスト』にも記事が出た。このあたりは、社内の報告資料にはバンバン入れて、社内的にもこんなことをやったという実績としてアピールして、それから世の中もどんどんLGBT支援のほうにシフトしていって、いろんなメディアで日々関連したニュースが出る。今は、ソニーでホスト開催したことが「当たり前だったよね」という雰囲気になってるんです。

🧑 そうでしたか。「work with pride」のあと、社内の従業員グループから連絡があったんですよね。

🔵 そうなんです。そこがいちばんの収穫。「work with pride 2013」を社内のダイバーシティ研修と位置づけ、社員に告知しました。結果的に会社としてLGBTをサポートする意思があるというメッセージを社員に発信したこととなったのです。「work with pride 2013」の当日、当事者グループの1人が、最初はおっかなびっくりだったんですが、会場に来て、萩原にコンタクトしてくれたんです。彼らも我々のメッセージを受け取ってくれたし、いい会だったと言ってくれて、当事者グループとダイバーシティ開発部のコミュニケーションを進めようということになって。後日、仲間をつれて、我々のチームと会ってくれて。それ以降、社員研修についての意見をもらったり、第3回の「work with pride 2014」の案内を回してくれたり、当事者グループとして会社に何か要望ありますか？と確認したり、コミュニケーションをしています。

🧑 素晴らしい！

🔵 まだ慎重な人もいて、全員が名前を出したりはしていなくて、代表者がフィードバックしてくれるかたち。今後の会社としての取り組みの参

第6章 当事者やアライが語る自分らしく働ける社会

考にもなりつつ、ある意味、セーフティネットでもあって。よからぬ問題があったときも、彼らから情報が入ってくる。そういうパイプができたのは、すごく大きなこと。ちゃんとサポートするんだというメッセージが、社内の当事者にも社員にも届いたということは、働きやすい職場環境に向けて前進したということ。よく研修で言われるような、LGBTを蔑んだようなジョークだとかも「違うんだな」と認識されつつある。文化が大きく変わりつつあると思う。「work with pride 2013」の自社開催は企業文化が変わる大きな変化の潮目になったと思います。

● その後もフォローアップで、ビデオ教材を使った研修をされてきた。

　● いわゆるステートメントが出て、「work with pride 2013」をやって（社員に会社からのサポートメッセージを出して）、文化もずいぶん変わってきた。今度は研修だよね、という話になって。毎年教材ビデオを購入している東映の教育映像部と話したときに、研修教材としてLGBTも取り上げるべきだと言って、それが受け入れてもらえて。研修教材「新人権入門」のエピソードとして取り上げられることになった。ソニーではeラーニングシステム（インターネットを使用した教育システム）を使って社員向けのダイバーシティ研修を毎年やってるんですが、そのテーマのひとつとしてLGBTを入れて2014年の7月〜9月に実施しました。研修アンケートの結果は非常に好評だった。「知らなかった」「勉強不足だった」「失礼な対応をしてきたことを反省している」とか、社員からのいろんな声がありました。この研修実施までで、やっと、LGBTへの取り組みとしてはひととおりの流れにたどり着いたかと。

● そうですね。これからはじめようという企業に、何かアドバイスをお願いできますか。

　● LGBTのみならずダイバーシティを進める上で大事なのは、ひとつめとしてトップのコミットメント（ステートメントの発行）。LGBT対応はカミングアウトしてなければ当事者が見えにくいし、企業の業績にど

うリンクするかもわかりづらい。担当部署だとか、担当者が個人的に旗を振っても、なかなか企業文化は変わらない。それを払拭するには、トップが「やるぞ」と意思表明するのがいちばん。方針をトップが言ってもいいし、ステートメントでもいいし。2つめは企業文化を変えていくような施策。すごく重要で、地道なんですが、LGBTについての講演会とか、「work with pride」をはじめとしたイベント、東京レインボーウィークなんかを積極的に案内して、興味をもってもらう。企業文化を変えていくような活動が非常に大事。3つめは教育研修です。社員がLGBTについて正しい知識をもつこと。この3つの取り組みが実行されてこそ、次のステップとして会社の制度とか具体的なかたちになっていくんだと思います。

● 最後に、当事者に向けてメッセージをお願いします。

● 取り組みを進めるうちにわかってきたのは、LGBTって特別な存在ではないということ。当事者たちがストレスなく仕事ができるような会社であり、生活できる社会っていうのが、本来の成熟した正常な社会だということ。早く、LGBTが特別視されない社会に、と思います。それはすべてのマイノリティのダイバーシティについても言えること。2020年東京オリンピック開催に向けて、世界に遅れをとらないように、と思いますね。

● ありがとうございます。

第3回 「work with pride」を手がけた オリンピックTOPスポンサーである パナソニックの取り組み

Interview 6

🧑 語り手 ： パナソニック株式会社 CSR・
社会文化グループ コーポレート統括室
参事　有川倫子さん

🧑 聞き手 ： 柳沢正和

🧑 2014年の「work with pride」は、パナソニックさんに会場を提供していただきました。有川さんには事前準備からかなりご協力いただきました。そのような運びとなったきっかけを教えてください。

🧑　弊社は2020年の東京オリンピックもそうですが、1988年のカルガリー冬季オリンピック以来、オリンピックのTOP スポンサー（TOPとは"The Olympic Partner"の略で、最高位のオリンピックスポンサーのこと）です。2013年6月頃、ロシアで反同性愛法が成立して、パナソニックでも国際オリンピック委員会（IOC）に働きかけてほしいという声をたくさんいただいたのですが、恥ずかしながら、LGBTのことをよく知らなかった。ほかのTOPスポンサーはみなさん認知されていたのに、何もしていなかったことがすごく恥ずかしいと思い、人事のダイバーシティ担当に相談したら、こんなセミナーがあるよと。実際に参加して話を聞いたら、目からウロコでした。いちばんは、当事者の方が登場して、身近にそのような方がたくさんいらっしゃると感じられたことでした。いろいろな苦労……就職に際しても苦労があったという話を聞いて、私たちはなんて不勉強だったんだろうと。気づきや学びの機会にしたいと思い、それで会場をお使いいただきたいと申し出ました。

🧑 2014年、やっていただける会社があるのかな、と思っていて、いちかばち

かで「立候補ありますか」と言ったら、手を挙げていただけて、感激でした。あとで社内に持ち帰って了承を得ないといけないという話があったと思いますが、説得するのは大変でした？

● 社内の者にとっては、慣れないテーマだったので、なんとなく不安に思っていたようです。

■ 慣れないテーマっていうのは、さっきおっしゃっていた、触れる機会がなかったという？

● そうですね。恥ずかしながら、「うちには当事者はいないよ」という人もいたので。

■ 本当に多くの企業がそういう状況。セミナーに参加された方も、そうおっしゃる。有川さんも1個1個進められたと思いますが、どういう話し方をされたんですか？

● 「work with pride」に参加した際、小さい頃から苦労していたとか、知り合いで自殺を考える人もいたとか、当事者のリアルな苦労話を聞けたり、データもわかりやすかったので、その時の模様をデータとともにまとめて、私の上司や人事に見てもらいました。もちろん人事のなかには、もともと詳しい人もいましたが。

■ 反応はどうでした？

● 担当者はもちろん賛成ですが、なかには「うちは女性活用もまだできてないので、そちらが先だろう」という人もいました。

■ そこをどう説得された？

● IBMさんがやってソニーさんがやって、一流の企業が携わってきている。やるなら今です、3番目です、と。

■ 業界で同じような業態の方がやられていたことは、励みに？

● ソニーさんは社長がこんなメッセージを出されています、とか、他社

● さん、ほかのオリンピックスポンサーの取り組みなんかも含めてプレゼンしました。

● なるほど。今回開催されて、有川さん個人としてはどういう経験になりました？

● 自分の知らない世界があって、楽しかったですね。当事者の方が、可能性があるとおっしゃっていましたが、本当にそうだなと思って。当事者のみなさんも、とても魅力的な方たちばかりでした。

● 当日の様子をDVDに録って社内で貸し出しされてるそうですが、そういったフォローアップというか、効果もじわじわあったりするんでしょうか。

● そうですね。人事部門が社内に貸し出しています。また、人事の方が集まるダイバーシティ西日本勉強会というのがあり、そのなかのひとつにLGBTを考える分科会があるのですが、パナソニックが会場を提供して勉強会を実施することになりました。

● そうなんですか？　へええ、素晴らしいですね。

● 東京と大阪をつなぐということで、できるだけみんなで盛り上げていきたいなと思っています。

● なるほど。今後、東京オリンピックもあって、大きなスポンサーでもあるわけですが、将来どういうふうになっていたら、今回取り組んだ意義があるなあと思えるでしょうか？

● 国内外問わず社内でふつうにLGBTの人たちがカミングアウトして、いきいきと過ごせたらいいなと、本当に思います。

● 御社は従業員が何万人もいらっしゃいますものね。

● 26万人ですね。

● 心に残ってるのが、「work with pride 2014」のときの上司の方のご挨拶。「パナソニックは、世界で26万人の従業員を抱える、日本でも世界でも知ら

れた企業として、世界の人々の生活をより豊かでより幸福なものにすることを目指している。どうやったらお客様といっしょに社会の幸せをつくっていけるか、そのひとつとしてLGBTの方々といっしょにやっていきたい」とおっしゃっていて。すごく感動しました。

 ありがとうございます。

こちらこそ、ありがとうございます。

Column 2

初めて東京ディズニーリゾートで
同性結婚式を挙げたカップルの思い

東小雪(ひがしこゆき)

株式会社トロワ・クルール取締役。1985年、石川県金沢市生まれ。元タカラジェンヌ/LGBTアクティビスト。東京ディズニーシーにて初の同性結婚式を挙げ話題に。テレビ・ラジオ出演、講演、執筆など幅広く活動中。TBS系列『私の何がイケないの？』、テレビ朝日『ビートたけしのTVタックル』、NHK Eテレ『ハートネットTV』、TOKYO MX『モーニングCROSS』などメディア出演多数。著書に『なかったことにしたくない 実父から性虐待を受けた私の告白』(講談社)、『ふたりのママから、きみたちへ』『レズビアン的結婚生活』(共にイースト・プレス)がある。LGBT初のオンラインサロン「こゆひろサロン」運営。

増原裕子(ますはらひろこ)

株式会社トロワ・クルール代表取締役。1977年、神奈川県横浜市生まれ。慶應義塾大学大学院フランス文学修士課程修了。在学中にパリ第3大学(新ソルボンヌ)へ留学。在外公館(ジュネーブ)、フランス系会計事務所、教育系IT会社勤務を経て現職。オープンなレズビアンとしてパートナーの東小雪と共にさまざまなLGBT支援活動を行う。LGBTが安心して暮らし、働ける社会を目指して日々発信している。

　私たちは2013年3月に、東京ディズニーリゾート初となる同性結婚式を挙げました。最初は「どちらか一方が男性に見える格好で」と言われたのですが、アメリカのディズニー本社にも確認をしていただき、ウエディングドレス同士で挙式できることに。当日はたくさんの方に祝福していただき、本当に幸せな結婚式となりました。

　現在、私たちは東京都内で暮らしています。いっしょに会社を経営して、

家事をして、食卓を囲んで、ときにはケンカして、また仲直りをして。日本ではまだ同性カップルは法的に結婚することはできませんが、私たちは家族として、お互いを大切に思い合いながら生活しています。将来的には子どもを育てることが私たちの夢です。

しかし、生活していく上で「あなたたちは（法的）家族ではない」という事実を突きつけられて、悲しい思いをすることがあります。どんなに家族だと思っていても、「ルームシェアをしている友人同士」という関係性で扱われてしまうのです。私たちカップルにとって、結婚式には「家族であることの宣言」という意味合いがあったと感じています。

男女のカップルも同性同士のカップルも、なにも変わりません。違いがあるとすれば、それは受け容れる社会の側にあるのだと思います。シングルマザーの家族、血のつながらない家族、子どものいない家族、レズビアンマザーの家族など、多様な家族が日本でもすでにいっしょに生きています。日本も多様な家族のかたちを受け容れるように変化してほしいと心から願っています。

巻末付録

LGBTの基礎用語

あ行

アウティング (outing)

カミングアウトしていない人の秘密を暴露すること。

会社で「○○はゲイだ」と言いふらしたり、ネット上で「○○はHIVだ」などと書き込むような行為。

自身の意志で公にするカミングアウトは勇気のある行為として讃えられますが、他人が暴露するアウティングは非難の対象となります。

たとえアウティングの内容が間違いのない事実だとしても、名誉毀損で訴えられてもおかしくありません（逆に、アウティングされた当事者は、弁護士に相談するとよいです）。

アセクシュアル (asexual)

特定の人と性行為をしたいという欲求がまったくない人。性的指向がないため、ゲイでもなくストレートでもなく、アセクシュアルと呼ばれます。Aセクシュアルという表記もあります。

アライ (ally)

LGBTを積極的に支援する人のこと。英語のAlly（支援者）より。「応援するよ」と口で言うだけでなく、いっしょにパレードで歩いたり、親の会に参加したり、企業であればLGBTイベントに協賛したり、LGBTの平等や権利擁護のために行動してくれる人、というニュアンス。

以前は「LGBTフレンドリーな」という言い方でしたが、「フレンドリー」だと「敵対しない」というくらいの消極的な意味合いになるので、より積極的な「アライ」が用いられるようになったと思われます。

インクルージョン (inclusion)

日本語では「包摂」と言い、主に社会学で用いられてきた用語です。排除の対義語で、「取り込んで活用する」「手を差しのべて仲間にしようとする」ことです。違う言い方をすると、多様なバックボーンや能力をもった人たちが、その違いを認められた上で対等に機会を与えられている状態、ということになります。

企業などの組織においては、「ダイバーシティ」が多様な人たちがいるという状態を表すのに対し、「インクルージョン」はさらに、そういった多様な人たちが対等にかかわりあいながら一体化している状態を表します。

企業がLGBTに関して「ダイバーシティ＆インクルージョン」と言う場合、具体的には、社内規定にLGBT差別を禁止する条文を設けたり、LGBTについての研修を実施したり、LGBTの社内グループをつくったりすることによって、当事者がストレスなく働ける職場づくりを目指す、ということになります。そうした「インクルーシブ（inclusive）」な企業では、生産性も向上し、LGBTの離職も少なくなるだろうと期待されます。

インターセックス (intersex)

日本インターセックス・イニシアチブによると、「先天的な生殖系・性器の異常」。より一般的には、外性器、内性器、内分泌系（ホルモン異常など）、場合によっては性染色体などが「普通」と異なる場合を指します。

インターセックスと呼ばれる状態にはさまざまな症状がありますが、インターセックスとひとまとめにして語られるのは、症状が生物学的に似通っているからではなく、その人たちの置かれた社会的状況が似通っているからです。1950年代以降、先進各国では「インターセックスの子どもはできるだけ早い時点でノーマルな男性もしくは女性に見えるように外科手術を施し、本人には事実を教えないのがその子のためである」とされてきました。インターセックスの身体は病院で「修正」され、その存在自体がタブーとして隠蔽されてきたのです（日本でも明治期まではその存在が認知されていましたが、現代ではあまり知られていません）。

これに対し、当事者たちは、従来の体制

を批判し、完全な情報開示と患者の自己決定を尊重する医療パラダイムに移行することを要求するようになりました。インターセックスの子どもの身体ではなく、社会を変えることで、すべての人が生きやすい世の中をつくるべきだと考えるようになったのです。

インターセックスは、日本では半陰陽とか両性具有という言い方で語られてきましたが、差別的なニュアンスのない、より妥当な言葉として、当事者から「性分化・発達障害」という呼称が提唱されました。2009年、日本小児内分泌学会（藤枝憲二理事長）が、こうした状態の総称に「異常（abnormality）や障害（disorder）という言葉を使うべきではない」として「性分化疾患」を用いることを決定しました。同時に、医療機関がインターセックスの新生児に対してどう対応したらよいかを判断するためのガイドラインの策定に向け、初の症例調査に乗り出すことになりました。

HIV陽性者

HIVに感染している（HIVをもっている）人のこと。

以前は「キャリア」とか「PWH」「HIV感染者」「HIV＋（ポジティブ）の人」といった言葉で表現されていましたが、Living Togetherムーブメント（ら行参照）とともに「HIV陽性者」という言葉が広く用いられるようになりました。

私たちの周りには、そうとはわからないだけで、たくさんの陽性者がいます。

今は早くわかってきちんと治療を受けていれば、ずっと元気で生きられる時代ですし、現にたくさんの人たちが（いろいろ悩みは抱えつつも）とても元気に暮らしています。

「HIVをもっている人も、そうでない人も、わからない人も、僕らはすでにともに生きている──We are already Living Together」です。

➡「リビング・トゥギャザー」参照。

LGBT

LESBIAN、GAY、BISEXUAL、TRANSGENDERのイニシャルをとった頭字語。

ゲイやレズビアンやバイセクシュアル、トランスジェンダーなどセクシュアルマイノリティ（性的少数者）の総称を何と呼ぶかをめぐってはさまざまな議論があり、「セクシュアルマイノリティ」に含まれる「社会の片隅に追いやられている感」や、「クィア」がもともともつ「ヘンタイ」というニュアンスなどをあまり好ましく思わない欧米の当事者たちが、価値中立的な言い方として「LGBT」を採用し、2000年代に急速に広まりました。日本では、2004～2005年頃に輸入され、少しずつ浸透してきました。

アクティビスト（活動家）など、政治的な正しさ（Political Correctness）を重視する人たちは「LGBT」という呼称を用いる傾向が強く、国連関係の資料などでももっぱら「LGBT」が用いられています。

一方で、多くの当事者の間でも（世間でも）まだまだ「セクシュアルマイノリティ（セクマイという略称も）」「性的少数者」の方が広く用いられています。

また、「LGBT」にはインターセックス、アセクシュアル、クエスチョニングの人などが含まれず、多様性、包括性に欠けるという指摘もあります。日本のパレードでも「LGBT」を冠しているところはひとつもありません（ほとんどは「レインボー」を掲げています）。

エンプロイー・リソース・グループ（ERG：Employee Resource Group）

社員が自発的につくったグループを会社が公認し、支援するもの。社内ネットワークなどとも呼ばれます。

ERGは参加者の仕事の上での成長を促進しチームワークを増強することを目的とするもので、会社の資源（Web、メール、施設など）の利用や、会社からの活動費の支援を受けることができ、活動時間は就業扱いになるなどの特徴があります。

ERGは企業の「ダイバーシティ＆インクルージョン」施策の一環として設けられることも多く、LGBTのように特に支援が必要な人たちについてはとても有効であると考えられます。

オープンリー・ゲイ（openly gay）
テレビや雑誌などのマスメディアを通じて社会全体に（あるいはWebサイトを通じて全世界に）セクシュアリティを公表しているゲイのこと。主にタレントなどの有名人に対して用いられる言葉です。

オカマ
ゲイ男性や女装者（トランスヴェスタイト）、ニューハーフなどの女性になりたい男性（トランスジェンダー）は、古くから「オカマ」と言われてきました。

一般的に差別用語であるとされ、メディアでは「オカマ」の代わりに「オネエ」と呼ぶ傾向が強まっています。

俗に肛門性交のことを「おかまを掘る」と言いますが、「かま」の語源には諸説あり、「お釜」や「かまど」、江戸時代の男娼である「陰間」、歌舞伎の「女形」、梵語で愛欲を意味する「カーマ」など、さまざまな解釈がなされています。

当事者の間では、ネタとして（あるいは差別的なニュアンスを逆手にとって）自分たちのことを「オカマ」と称することもあります。たとえば、ゲイの社会的地位向上を目指す活動をしている人たちを「リブガマ」と言ったりしますが、そこには、カタいイメージを払拭して親しみを持ってもらえるようにという意味合いもあります。

2001年6月15日号の『週刊金曜日』に東郷健についての「伝説のオカマ　愛欲と反逆に燃えたぎる」という記事が掲載されたことに対してゲイ団体から「オカマという言葉を使うとは何事か」と非難され、これを機に論争が起きています。（参照：『「オカマ」は差別か』ポット出版刊、2002年）

オネエ
ゲイの世界の伝統とも言うべき、過剰に女性的な仕草や言葉で特徴づけられる文化。またそのような仕草や言葉遣いの人。

オネエ言葉は必ずしも女性の言葉遣いと同じというわけではなく、ゲイシーンで独特の進化を遂げたもの。平成生まれのゲイたちにはあまりなじみがないため、二丁目では「昭和」と位置づけられ、絶滅が危惧されています。

テレビ番組『おねエMANS』の影響もあり、「オカマ」の差別的なニュアンスを避ける意味もあり、メディアでは「オネエ」や「おネエ」という表記が多用されるようになりました。

親の会
欧米では以前からPFLAG（Parents, Families and Friends of Lesbians and Gays）という、ゲイやレズビアンの子をもつ親や友人の会が設立され、親同士で交流を深め、支え合ったり、いっしょにパレードに参加したり、という活動をしてきました。

日本でも、1995年頃、東京で「PSG」という「親の会」が設立され、親御さん向けの冊子がつくられたり、ミーティングが行われたりという活動がはじまりました。現在は、札幌の「LGBTの子を持つ親の会」や神戸をベースとして東京などでもミーティングを行っている「LGBTの家族と友人をつなぐ会」が活動しています。

か行

カミングアウト（coming out）
自らのセクシュアリティを、自身の意志で他者に伝えること。もともとは「クローゼットのなかから出て来る」という意味のアメリカのスラングに由来し、欧米ではもっぱらゲイやレズビアンの間で使われてきました。一方、日本では、HIV陽性者、被差別部落出身者、在日外国人などのマイノリティも、告白に勇気を必要とするというニュアンスで、ゲイと同様に「カミングアウト」と言われます。

メディアなどを通じて公表することもカミングアウトですし、親しい友人や同僚な

どに打ち明ける行為もカミングアウトと言います（社会全体に公表している人を「オープンリー・○○」と言います）。

英語の動詞的表現は「カミングアウトする」ではなく「カムアウトする」ですが、日本では「カミングアウト」という言葉が世間一般にも広まった（ひとり歩きした）ため、「カムアウトする」が適切な場合も「カミングアウトする」と言われたりします。

2007年、『カミングアウト・レターズ』（砂川秀樹：著・編集、RYOJI：編集、太郎次郎社エディタス刊、2007年）というゲイ・レズビアンの子と親、教師との往復書簡をまとめた本が出版され、親へのカミングアウトの最良のテキストとして広く支持されるようになりました。

クィア（queer）

クィアとはもともと「風変わりな」「奇妙な」という意味の言葉であり、かつてはゲイに向けられる蔑称でもありましたが、現在ではセクシュアルマイノリティの人々すべてを包括する言葉として用いられるようになっています。

19世紀～20世紀にかけて、クィアは「ヘンタイ」「オカマ」といったセクシュアルマイノリティに対する蔑称（差別用語）として用いられていました。1990年代になって、セクシュアルマイノリティたちは、そんな「クィア」を、異性愛中心主義に違和を覚える多様な性のあり方に言及する際の用語として、自己肯定的に、ラディカルに使用するようになりました。「クィア」がもともともっている毒々しさをあえて逆手にとるという戦略だったのです。そこからクィア・スタディーズという理論（学問上のひとつのジャンル）も生まれ、現在も議論が行われています。

また、たとえば、性別再指定手術を終えて戸籍上の性別も変更した性同一性障害者のなかには、男性または女性として（シスジェンダーとして）社会に埋没して生きていこうとする人たちもいますが、対照的に、明らかにトランスジェンダーとわかるようなスタイルで町に出る（あるいはゲイがドラァグクイーンとしてクラブなどに登場する）ようなときに「クィア」が用いられます。典型的な男／女のありようからは遠くかけ離れている（異なっている）、そのおもしろさや豊かさに対する賛辞なのです。つまり、世間から見ると「奇妙」だったり「風変わり」だったりすることこそを讃美し、愛でようとする価値観です。

日本では、作家・評論家の伏見憲明氏が『クィア・スタディーズ』（七つ森書館刊、1996年）『クィア・パラダイス』（翔泳社刊、1996年）『クィア・ジャパンVol.1～5』（勁草書房刊、1996年～2001年）『変態（クィア）入門』（筑摩書房刊、2003年）といった編著作を発表してきたほか、アジアンクィア映画祭、関西クィア映画祭などのイベントのタイトルに「クィア」が採用されています。

また、FOXlife（ケーブルTVチャンネル）で放送されていた『クィア・アイ♂♀ダサ男改造計画』も原題（『Queer Eye for the Straight Guy』）をそのまま採用し、「クィア」を世間に広める一助となりました。

クエスチョニング（questioning）

➡本文p33参照。

クローゼット（closeted）

カミングアウトしていない人のことをクローゼットと言います。対義語としては、今は「オープンな人」が一般的です。

欧米でレズビアンやゲイが自己の性的指向を家族、友人、同僚などに明かすことができず、心理的に悩んでいる状況を「クローゼットに閉じこもっている」、そこから出てくることを「coming out of the closet」（押入れから出てくる）という比喩表現で言い表していたため、「クローゼット」「カミングアウト」という言葉が生まれました。

以前は、誰にも知られないように……という人がほとんどでしたが（隠れホモ、などと呼ばれていました）、今は、会社全体

ではないものの信頼できる同僚にはカミングアウトしているとか、SNSでは顔出ししているとか、親兄弟にも言おうかなと思っている、とか、範囲はさまざまながら、オープンにしようとしている人が多くなっています。そうすると、全世界にカミングアウトしている人以外は全員「クローゼット」か？　というと、そうではないだろう、という話になってきます。当事者にとって、カミングアウトが強迫的なものでもなく、またクローゼットが罪悪感を覚えるようなものでもなく、個人個人の状況やタイミングの問題で、絶えず移り変わっていくようなイメージになってきているのではないでしょうか。

ゲイ（gay）

（男性）同性愛者のこと。欧米ではGAYといえば男性も女性も含んで同性愛者のことを意味しますが、日本ではもっぱら男性同性愛者のことを指します。

もともと「queer」「faggot」（変態、オカマという意味）と罵られていたゲイたちは、自分たちのことを肯定的に表現するために「陽気な」「派手な」という意味の「gay」を使うようになりました。これが世界的に広まり、標準化して、日本でも男性同性愛者の多くは自分たちのことを「ゲイ」と自称するようになっています。

「ホモ」「オカマ」という言い方には侮蔑的なニュアンスがあるので、（仲間うちの冗談で使ったりすることもなきにしもあらずですが）ストレートの人が「ホモ」「オカマ」と言うのはとてもリスキーです。公式には「ゲイ」と言うようにしましょう。

ゲイ・アイコン（gay icon）

本来のGAY ICONは、ゲイコミュニティのなかで広く受け容れられているシンボル（たとえばレインボーフラッグなど）という意味もありますが、日本ではもっぱらゲイに広く支持されている歴史的人物や有名人のことをゲイ・アイコン（ゲイ・イコン）と言います。

「支持されている」とひと口に言っても、その中味にはさまざまな意味があります。
1. ゲイが憧れるような、熱狂的な人気を博しているアーティスト（ほとんどが女性）
例）マドンナ、カイリー・ミノーグ、レディー・ガガなど
2. ゲイとしての言動が尊敬を集めている人（ゲイのロールモデル）
例）エルトン・ジョン、イアン・マッケランなど
3. ゲイだからこそのパフォーマンスで人気を博している人（ゲイタレント）
例）フレディ・マーキュリー、ルポールなど
4. 映画やドラマ等でゲイ役を演じてヒーローになった人（男性）
例）ヒース・レジャー、ショーン・ペンなど
5. セクシャルな魅力で多くのゲイを虜にしている人（男性）
例）デヴィッド・ベッカム、ブラッド・ピットなど

1に該当するミュージシャンや女優は、内外を問わず、たくさんいます。「○○ナイト」というイベントが開催されたり、彼女らをマネしたショーが盛んに行われたり。そのCDやDVDなどを買い支えているのもゲイです。

そして、本人もゲイの支持を自覚し、ゲイのファンへのサービス（パフォーマンスなど）を心がけていたりするのです（1に挙げた人は全員そうです）。逆に、もともとゲイから熱い支持を受けて成長したアーティストであっても「私はゲイが嫌い」と発言して反発を受ける（売り上げがガタ落ちする）こともあります（ドナ・サマーの例が有名です。）

そういう意味では、ゲイ・アイコンの条件とは上記の1～5のいずれかに当てはまるということだけでなく「ゲイフレンドリーであること」も含まれると言えるでしょう。

ゲイタウン（gay town）

ゲイバーがたくさん集まっている街。バ

ーだけでなく、カフェ&レストラン、さまざまなショップ、風俗店、コミュニティセンターなどもあり、週末ともなるとたくさんのゲイでにぎわい、定期的にイベントが開催されたり、それぞれに特色あるゲイシーンを形成しています。

東京の新宿二丁目は200軒〜300軒のゲイバーがあるといわれ、軒数だけなら世界一のゲイタウンです。

それに次ぐのが大阪の堂山で、120軒〜130軒のゲイバーが軒を連ねています。

ゲイバッシング（gay bashing）

ゲイに対するバッシング（特定の人や集団などを理不尽に非難したり暴力を加えたりすること）。深夜の公園などを出会いの場所としている人に対する暴行のことを指すヘイトクライム（憎悪犯罪）です。

2000年2月11日早朝、新木場の都立夢の島緑道公園内で、若い男性が頭や顔から血を流して倒れているのをジョギング中の会社員が見つけ、110番しました。被害者は頭部や顔面を鈍器のようなもので激しく殴られており、外傷性ショックや内臓破裂などが死因と判明しました。その後、江東区立中学3年の少年（14）と同区の都立高校1年の少年（15）らが強盗殺人の疑いで逮捕されました。彼らはこの公園に集まるゲイをターゲットに常習的に暴行や脅迫を繰り返しており、警察に被害届が出されたものだけでも十数件にもおよぶことがわかりました。公判では、検察側・弁護側とも、犯人グループが「『ホモ狩り』に行こうぜ」と誘い合わせて夢の島一帯に繰り出していたと説明し、少年たちが公園に集まるゲイを狙って襲撃を繰り返していたことが明らかになりました。

ゲイバッシングであるかどうかは立証されていませんが、駒沢公園や芦花公園などでも同様の殺人事件が起こっています。

日本はゲイが殴られたり殺されたりすることがない平和な国だと言われますが、過去にこうした事件があったことは忘れてはいけません。

ゲイバー（gay bar）

ゲイのマスターが営業するゲイのためのバー。一部、ゲイよりもストレートのお客さんが多いお店もあり、そちらは観光バーと呼ばれます。

日本のゲイバーは、そのほとんどが、カウンターがあってマスター（ママ）やスタッフ（ミセコ）が接客をするスナックタイプのバーです。だいたいは十数人入ればいっぱいになるような大きさで、19時〜21時頃にオープンし、料金はお通し（ぬれものまたはかわきもの）とドリンクのセットで1500円〜1700円くらいが相場となっています。

お客さんの年代や体型などによって特色が決まっていて、都市部ほどそうした客筋やお店のコンセプトが細分化していることが多いようです。

一部、海外のゲイバーのように、スタンディングで、キャッシュ・オン・デリバリー（チャージがなく、1杯ずつ料金を支払う方式）の、クラブのようなバーもあります。

ゲイバーは、周年パーティや花見、クリスマスパーティなどのイベントを定期的に開催したり、テニスやバレーなどのサークルを運営したり、出会いを促したり、お客同士の交流の場として機能しています（ひとつのコミュニティを形成しています）。

そうしたゲイバーがたくさん集まり、ゲイタウンを形成するとともに、新宿二丁目振興会のように、フリーペーパー（タウンガイド）を発行したり、レインボー祭りのような大イベントを開催するようなコミュニティへと発展することもあります。

コーポレート・イクオリティ・インデックス（CEI：Corporate Equality Index）

アメリカの人権団体「ヒューマン・ライツ・キャンペーン（HRC：Human Rights Campaign）」が作成している、企業がLGBTの従業員や消費者、投資者などを平等に扱っているかどうかを示す指標。企業のLGBT社内施策（就業規則や倫理規定、福利厚生など）と公的な活動の両面か

ら調査が行われ、0点から100点までのスケールで発表されます。企業のLGBTフレンドリー指数として最も頻繁に参照されるものです。

さ行

シビル・ユニオン（civil union）

同性パートナー間の権利を認める法のひとつ。シビル・パートナーシップ、シビル婚とも言います。

ドメスティック・パートナー法が「同性パートナーにいくつかの権利を与える」ものであるのに対し、シビル・ユニオンは「男女の夫婦とほぼ同じ権利を与える（ただ結婚でないだけ）」という意味合いが強くなります。

ドイツのように、名称以外は結婚と同じという状態であっても「シビル・ユニオン」ではなく「ライフ・パートナー法」と名付けている地域もありますが、内容はシビル・ユニオンと同じです。

欧米（キリスト教圏）では、結婚には「神が認めるもの」という神聖な意味合いが含まれるため、カトリック教徒やキリスト教原理主義者のような人々は同性婚に強く抵抗することが多いのが実情です。そこで、「結婚」ではないけれども法律上の権利は認める準婚姻制度として「シビル・ユニオン」が生み出されたのです。

そういう意味で、シビル・ユニオンを結んだカップルは結婚式を挙げることが多いのです。（エルトン・ジョンなどもシビル婚としての結婚式を挙げました）。

〈シビル・ユニオンが認められている国や地域〉
ドイツ、イタリア（トスカーナ州など8州）、スイス、オーストリア、チェコ、メキシコのコアウイラ州、オーストラリアなど

ジェンダー／ジェンダーアイデンティティ（gender／gender identity）

1960年代以降のフェミニズム運動のなかから、社会的な位置づけとしての性を生物学的な身体の性（sex）と区別して示す言葉／概念として「ジェンダー」が広まったと言われています。

しかし、「ジェンダー」とは、もともとフランス語やドイツ語の文法上の性（男性名詞／女性名詞の区別）を語源とし、生物学上の「性」（雄／雌）を表す言葉として性交という意味もある「セックス（sex）」との混同を避けるために用いられていた言葉であり、これを「社会的・文化的性差」と訳すのは誤りだと言われています。

文化人類学者の山口智美氏によると、「社会的・文化的性差」を英語で言うと、"gender"ではなく、"gender differences"がより近い訳です。また、「ジェンダー」は必ずしも「女」と「男」に二分化されるものではなく、多様な「ジェンダー」が歴史的にも、そして世界の多くの文化にも存在してきたということです。（出典：学術系サイト「フェミニズムの歴史と理論」内の山口智美氏の論考『「ジェンダー」概念と女性学』http://www.webfemi.net/?p=338）

自身が男性であるか女性であるかまたはどちらでもあるかといったことを「性自認（ジェンダーアイデンティティ）」と言います。ジェンダーアイデンティティが生物学的な身体の性（sex）と異なる人をトランスジェンダーと言います。

スティグマ（stigma）

社会学や心理学の用語で、他者や社会集団によって個人に押しつけられた不名誉な烙印、ネガティブなレッテル、「望ましくない」「汚らわしい」といった類のマイナスイメージのことを指します。

もともとは、奴隷や犯罪者であることを示す刺青などの肉体的刻印のことを指す言葉でした。

現在流通している用法は、社会学者ゴフマンが1963年『スティグマの社会学』（石黒毅：訳、せりか書房刊、2001年）のなかで提示したものです。彼は、スティグマを負った人々への劣等視が社会的に正当化されていること、その結果、スティグマを負った人々は差別というかたちでさまざまな社会的不利を被ることになると論じまし

た。

　ゲイも、子どもの頃に「おかま」「おとこおんな」といった言い方でスティグマを負い、そのことが心の傷となり、大人になってもメンタルヘルスに支障をきたしたり、自暴自棄になったり……という負の作用を及ぼすことが多いと言われています。

　また、HIV陽性者に対して社会が付与するスティグマも深刻で、HIV予防や治療・ケアを阻害する大きな要因となっています。

　世間の人々にとっても、LGBTにとっても、LGBTであることやHIV陽性であることに対するスティグマを取り除くことがとても重要だと言えます。

ストーンウォール事件
➡本文p65参照。

ストレート（straight）
　欧米では異性が好きな人のことを「ヘテロセクシュアル（heterosexual）」（「ホモセクシュアル（homosexual）」の対義語）または「ストレート」（「gay」の対義語）と言います。日本では昔から新宿二丁目などで「ノンケ」という言葉が多用されてきましたが、近年は「ストレート」が一般的になっています。なお、ストレートの人が自らを指して「ノーマル」と言うのは、言外にLGBTをアブノーマルだと言っているようなものですから、ご注意ください。

　また、「ヘテロセクシュアル」「ストレート」という言い方には、厳密に言うと、性的指向が同性か異性かという意味合いしか含まれていません。「トランスジェンダーではない人」という意味の言葉としては「シスジェンダー」があります。性自認が身体上の性別と一致しているゲイやレズビアンの人も「シスジェンダー（cisgender）」です。

性的少数者／セクシュアル・マイノリティ
（sexual minority）
　レズビアン、ゲイ、バイセクシュアル、トランスジェンダーだけでなく、インターセックス、アセクシュアル、クエスチョニング（セクシュアリティがよくわからない人）など、ヘテロセクシュアル（ストレート）ではない多様な性を生きる人たちを総称して「セクシュアル・マイノリティ」とか「クィア」と言いますが、「マイノリティ（少数派）」とか「クィア（もともとはヘンタイという意味）」の意味合いをあまり好ましくないと感じる当事者によって「LGBT」という端的な（価値中立的な）総称が提唱され、いくつかの言い方が併用されているのが現状です。

　ただ、「LGBT」が多様性を排除しているという批判から「セクシュアル・マイノリティ」という言い方にこだわる人も多いのが実情です。そういう人たちのなかには、「セクシュアル・マイノリティ」を「セクマイ」と略して言う人もいます（学生や女性の間で用いられることが多いようです）。「セクシュアル・マイノリティ（性的少数者）」という言葉のカタさをやわらげ、親しみを感じさせるようなニュアンスがあります。しかし、世間一般には伝わりづらいという難点があります。

性同一性障害
（gender identity disorder）
　身体の性別と性自認とが一致せず、継続的に身体に違和を覚え、身体の性を変えて自認する性に適合させたいと望むことさえある状態を、医学的な疾患名として性同一性障害（gender identity disorder, GID）と言います。

　2003年、「性同一性障害者の性別の取扱いの特例に関する法律」（以下、性同一性障害特例法）が成立し、2004年に施行されました。これにより、性同一性障害を抱える人は、医療機関に相談し、ホルモン療法や性別適合手術（性別再指定手術）を受けるなどの要件を満たした上で、家庭裁判所に申し立てをして、戸籍上の性別を変更することができるようになりました。ただし、1. 二十歳以上であること。2. 現に婚姻をしていないこと。3. 現に未成年の子がいないこと。4. 生殖腺がないこと又は生殖腺の機能を永続的に欠く状態にあること。

5．その身体について他の性別に係る身体の性器に係る部分に近似する外観を備えていること。という厳しい要件があり、この緩和を望む声も高まっています。

性同一性障害とは医療行為を受けるために必要になる診断名ですが、医療行為は必要だとしても、本来は病気でも障害でもないと考える人もいます（逆に、性別違和を治療すべき疾患と考える人もいます。当事者のなかでも意見が分かれるところですので、その多様性への十分な配慮が必要です）。そういう意味で、欧米ではトランスジェンダーの非病理化が進んでおり、フランスなどでは手術を受けなくてもパスポートなどの性別変更が可能になっています。また、2013年に発表されたアメリカ精神医学会のガイドライン「DSM-5」では、従来の性同一性障害（Gender Identity Disorder）が、精神疾患としての色調を薄めながら多様化を図った性別違和（Gender Dysphoria）という言い方に変更されました。これを受け、日本のメディアなどでも「性別違和」への言い換えが現在進行中です。

なお、トランスジェンダーのすべてが性同一性障害者（性別違和を有する人）というわけではありません。

性別表現／性表現
(gender expression)

性別表現は、男性か女性か（あるいはどちらでもないか、どちらでもあるか）ということに関する、たとえば、服装、身繕い（メイクをしているかどうかなど）、仕草、しゃべり方などについての外面的な（目に見える）特性や行為の総体を指します。

ある社会・文化において男性的と受け取られる性別表現が、他の社会・文化においては女性的と受け取られることもあるかもしれません。

ある人物の性別表現は社会に規定された性別役割に一致することもありますし、しないこともあります。そして、その人の性自認を反映するかもしれませんし、しないかもしれません。

服装に関する性別表現が非典型な（身体上の性別と異なっている）人のことをトランスヴェスタイト（異性装者、クロスドレッサー）と言います。

セクシュアル・オリエンテーション
(sexual orientation)

性的指向のこと。セクシュアル・オリエンテーションが異性に向く人はヘテロセクシュアル（ストレート）、同性に向く人はホモセクシュアル（ゲイ、レズビアン）、両性に向く人はバイセクシュアルと言います。

た行

ダイバーシティ (diversity)

ダイバーシティの辞書的な意味は「多様性」「幅広く性質の異なるものが存在すること」ですが、日本ではほぼ「企業で、人種・国籍・性・年齢等を問わずに人材を活用すること」という意味で用いられています。

欧米の企業では以前から、人種や民族などが異なる従業員の違いや個性を尊重し、最大限活用することにより、組織としてのパフォーマンスを向上させるような職場環境をつくろうと努めてきました。日本の企業も、従来の画一的な制度や考え方では、激変するビジネス環境にそぐわなくなってきたため、ダイバーシティの重要性を認識し、積極的に取り組むようになってきました。

そうしたなかで、性差や民族、出自、障がいの有無などとともに、LGBTがクローズアップされてきました。

まだまだ一部の企業ではありますが、就業規則や社内の倫理規定、ダイバーシティ・ポリシーなどに、「性的指向や性自認による差別」を禁止するという一文を盛り込んだり、社内で研修を行ったり、LGBTのネットワークやグループを設けて会社との話し合いの機会をつくったり、といったことが次第に行われるようになってきています。

➡「インクルージョン」も参照。

同性婚 (same sex marriage)

男性同士、または女性同士の結婚。男女

の夫婦と同等に、社会的な承認を得て、法的な保障が行われる制度（同性婚法）のこと。英語ではGay MarriageとかSame-Sex Marriageと言います。

ただし、結婚は認めても養子縁組を認めなかったりする国や地域もあります。一方、「結婚」と呼ばないだけで、法的にはまったく同等なシビル・ユニオン制度もあります（キリスト教の価値観が色濃く影響している国では、結婚は男女の神聖なものだとして同性愛者を結婚させないでいるところもあるのです）。

同性カップルの権利を認めようとする動きが世界的な流れになるなか、2000年にオランダが世界で初めて同性婚を認め、ベルギーやカナダなどがそれに続きました。

近年、欧米で同性婚を求める運動では「結婚の平等（Marriage Equality）」という言い方が主流になっています。同性愛者に結婚をさせろ、というのではなく、誰もが平等に結婚する権利を与えられるべきだという「公平さ」に主眼を置いた言い方で、世界的に広がりを見せています。

〈同性婚が認められている国や地域〉

オランダ
ベルギー
ルクセンブルク
スペイン
ポルトガル
ノルウェー
スウェーデン
フィンランド
アイスランド
デンマーク
フランス
イギリス（イングランド、ウェールズ、スコットランド）
アイルランド
スロベニア
カナダ
アメリカ合衆国（マサチューセッツ州、コネチカット州、アイオワ州、バーモント州、ニューハンプシャー州、ワシントンD.C.、ニューヨーク州、メリーランド州、メーン州、ワシントン州、ロードアイランド州、デラウェア州、ミネソタ州、カリフォルニア州、ニューメキシコ州、ニュージャージー州、イリノイ州、ハワイ州、オレゴン州、ペンシルベニア州、バージニア州、ウィスコンシン州、インディアナ州、ユタ州、オクラホマ州、ウエストバージニア州、ノースカロライナ州、サウスカロライナ州、カンザス州、コロラド州、ワイオミング州、ネバダ州、アイダホ州、アラスカ州、アリゾナ州、モンタナ州、グアム）
メキシコ（メキシコシティ、キンタナ・ロー州）
アルゼンチン
ウルグアイ
ブラジル（国会ではまだ同性婚法は採決されていませんが、2013年5月に最高裁が同性婚を認める判断を下し、事実上、認められることとなりました）
南アフリカ共和国
ニュージーランド
オーストラリア（首都特別地域）
（2015年5月26日現在）

ドメスティック・パートナー法（domestic partner law）

同性パートナーに一定の権利を認める法制度。ドメスティックは「国内の」ではなく「家庭的な」という意味で、男女の夫婦や事実婚のカップルとは異なるゲイやレズビアンのカップルを指す言葉として生み出されたものです。

1979年、カリフォルニア州バークレー（サンフランシスコ湾東岸にある都市）在住のゲイの活動家トム・ブルームは、「ドメスティック・パートナー」という新しい関係性を提唱しました。いっしょに住んでいて実質的に男女の結婚のような関係を築いている同性カップルのことを、概念化する必要があったからです。

公的な文書で初めて「ドメスティック・パートナー」という言葉が使われたのは、1982年、サンフランシスコ人権委員会（SFHRC）の訴訟においてでした。SFHRCのメンバーだったラリー・ブリンキンは、11年つきあったパートナーが亡くなり、3日間の慶弔休暇を会社（南太平洋

鉄道）に申請し、拒否されたことに対し、訴えを起こしたのです。判事は法律で認められていないから、という雇い主の主張に同意しました。

1982年、サンフランシスコ市政執行委員のハリー・ブリットがドメスティック・パートナー法を市議会に提出し、採択されました（しかし、カトリック教徒であるダイアン・ファインスタイン市長によって拒否されました）。

以後、カリフォルニア州やオレゴン州、ワシントン州では、名称以外は結婚と同じという状態であっても「シビル・ユニオン」ではなく「ドメスティック・パートナー法」という名称が用いられるようになりました。

しかし、世界的に見ると、シビル・ユニオンと区別し、おおむね、男女の夫婦がもつ権利の一部が認められるという意味で使われることが多くなっています。

現在はシビル・ユニオンや同性婚への移行が進んでいるため、ドメスティック・パートナー法のみが認められている地域というのは、アンドラなど、ごく少数です。

ドラァグクイーン（drag queen）

ゲイのクラブパーティを華やかに彩るゴージャスな女装。

英語ではDRAG QUEEN（DRAGは裾を引きずるという意味）であり、DRUG（クスリ）ではないことに注意。日本語表記もできるだけドラッグクイーンではなく、ドラァグクイーンと書くことが望ましいと言われています。

ドラァグクイーン特有のメイクのスタイル（アイラインを異様に太く入れたり、つけまつげを何枚も重ねたり）があり、決してナチュラルメイクではありません。女性に見えるような自然さではなく、ド派手なゴージャスさ、過剰さを志向するもの（ジェンダーのパロディ、シアトリカルな遊び）です。そういう意味では極めて「クィア」です。

二丁目では昔からゲイバーのママが女装したり、周年パーティでママやミセコがハデな女装したり、という伝統がありますが、ドラァグクイーンがクラブカルチャーから生まれたものであるため、両者は区別されていました（前者は歌謡曲ノリのショーで笑いをとることが多いのに対し、後者は海外のディーバ系ショーでカッコよさを目指すことが多かった）。が、近年は、見た目的にもショーの中味的にもほとんど区別がなくなっています。

そして近年、たくさんのドラァグクイーンがテレビに登場するようになり、世間での認知度が上がりました。

トランスジェンダー（transgender）
➡本文p30参照。

トランスヴェスタイト（クロスドレッサー）（transvestite/cross-dresser）

社会的・文化的に定義された服装規範（性別表現）に違和を覚え、異性装を行う人をトランスヴェスタイト（transvestite, TV）と呼びます。性同一性障害者のように継続的に切実な性別違和を覚えることはなく、ときどき異性装することで満足する（癒される、喜びを感じる）人のことです。欧米ではトランスヴェスタイト（クロスドレッサー）はトランスジェンダーやドラァグクイーンと区別されるべきだという考え方もあります（ここでは、それらを含めて記述します）。

トランスヴェスタイトはもともと医学用語なので、これにネガティブなイメージをもつ当事者が自ら生み出した言葉としてクロスドレッサー（cross-dresser, CD）があります。

トランスヴェスタイトとなる理由や状況にはさまざまあります。

①身体上の性別に違和を覚えるトランスジェンダーのうち、性同一性障害者ほど性別違和が切実ではない人（あるいは、諸事情により性別移行をあきらめた人）が、ときどき（パートタイムで）自認する性別に服装の方を適合させる（本来の自分を取り戻し、癒しを覚える）場合。

②特に性別違和を覚えるわけではない人が、

異性の服装を身につけることで性的な悦びを覚える場合（フェティシズムの一種）。たとえ外見上は①のタイプの人と同じに見えるとしても、似て非なるものです（そもそもの類型が異なっています）。

③ゲイカルチャーのひとつとして、ゲイがクラブなどでパフォーマンスとして派手な女装をするドラァグクイーンがあります。ドラァグクイーンのなかには「女性として振る舞ってみたい」という願望を満たすために（①に近い理由で）女装する人もいますし、そこから性別移行へと進む人もいますので、トランスヴェスタイト（クロスドレッサー）に含めてもよいのではないでしょうか。

上記以外にも、近年急速に市民権を得てきている「男の娘」というジャンルの人たちや、ファッションとして（何らかの信念をもって）異性装を行う人たちもいますが、セクシュアルマイノリティの文脈とは異なりますので（もちろん、そのなかにもゲイやトランスジェンダーの人がいるでしょうが、必要条件ではありません）、トランスヴェスタイト（クロスドレッサー）として一般化することはできないでしょう。

な行

二丁目

数百軒のゲイバーが集まる世界有数のゲイタウンとしての東京の新宿2丁目のこと。

新宿区新宿2丁目には、昔からの住人たちが経営するお米屋さんや洋品店やクリーニング店などもあり、決してゲイ一色ではありませんが、人々が「二丁目」（または「ニチョ」）と言う時、それはゲイバーやショップやクラブなどが集まったゲイタウンのことを指します。

「二丁目」という言葉で「ゲイタウン」や「ゲイシーン」「ゲイの世界」のことを代表させることもあります。たとえば、「二丁目に捨てるものなし（二丁目に捨てるゴミなし）」という格言？ がよい例です。これは新宿二丁目に限らず、「ゲイの世界では」という意味です。

二丁目には日本で唯一、約150軒ものゲイバーやレズビアンバーが集まって作った新宿二丁目振興会という組織があり、毎年「レインボー祭り」を開催したり、「新宿2丁目瓦版」というフリーペーパーを定期刊行しています。また、HIV予防啓発団体と連携したり、パレードと連携したり（レインボー祭りはもともとパレードの後夜祭としてスタートしました）、コミュニティ活動の盛んさ、オープンさにおいて、群を抜いています。

数々の歴史的な出来事がこの街で生まれ、数々の素晴らしい人たちがこの街で活躍してきました。これからもたくさんのスゴイことが起こることでしょう。

ノンケ

異性愛者のことを言う二丁目用語で、英語の「ヘテロセクシュアル」「ストレート」を日本語でやわらかく表現する言葉として浸透しています。

「そのケがない」というのが語源で、「ケ」という言葉自体がゲイをバカにする言い方なので、ゲイが「ノンケ」と言うときには特に差別的な意味合いはありません（むしろ自分たちをオトしているわけですから）。しかし、ストレートの側が「ノンケ」と言ったときには上記のような侮蔑的な意味合いをもってしまうため、注意が必要かもしれません。また、万が一ノンケさんで「ノンケ」という言い方を不快に感じる方がいたら、その都度相手に伝えてください。

➡「ストレート」も参照。

バイセクシュアル（bisexual）

性的指向が両性に向いている（男性を好きになることもあれば女性を好きになることもある）人のこと。両性愛者。

思春期の頃は多くの人が男性にも女性にも関心を示すという俗説が流布していますが、キンゼイ・レポート（『Sexual Behavior in the Human Male』,1948）では、実に成人男性の46%が男性と女性の両方に性的に反応し、37%は少なくとも1度以上同性との性的経験をもっていた、と記述されています。

ゲイの世界でゲイとして振る舞っている人たちのなかにもバイセクシュアルの人たちがいて、「男性が好き」という共通項でつながり、いっしょにシーンを楽しんでいます（レズビアンシーンではバイセクシュアルの人の割合はもっと多いと言われています）。

一方、「今はバイだって言ってる人も、きっと最終的にはゲイになるはず」といった誤解をされることもありますが（また、実際にそういう人もいますが）、バイセクシュアルは決してゲイだと自覚するまでの過渡期の状態ではありません。

また、「バイセクシュアルの人はストレートのように結婚できるし、表立って行動を起こしたりゲイムーブメントに参加しない」といった偏見をもたれることもあるようですが、それはセクシュアリティの問題ではなく、個々人のスタンスの問題と言えるでしょう。

パレード (parade)

ストーンウォール事件から1年が経った1970年6月末、ニューヨークでストーンウォール1周年を記念するデモとして、世界で初めてのゲイ＆レズビアンパレードが行われました。

その後、ゲイ解放運動における最大のイベントとして、アメリカ全土に、そして世界中に広がっていきます。

日本では、1994年、ILGA日本（南定四郎氏ら）によって「東京レズビアン・ゲイ・パレード」が行われたのが最初です。

よく「ゲイパレード」と言われますが、ゲイだけが参加するものではないため、「レインボーパレード」「プライドパレード」という言い方のほうが望ましいでしょう。

レインボーパレードは、もともとゲイ（をはじめとするセクシュアル・マイノリティ）の権利を求める運動（デモ）としてスタートしましたが、たとえば同性婚がすでに認められているような国であっても、コミュニティのお祭りとして毎年開催されています。日本でも、両方の意味合いを持ったお祭りになっています。

海外のパレードは「プライド」と称されることも多いです。

➡「プライドマンス」参照。

パンセクシュアル (pansexual)

バイセクシュアルは「男性」も「女性」も好きになる人ですが、「男性でも女性でもない人」をも含め、ありとあらゆる性の人を性的な対象とできるような人を「パンセクシュアル」と呼びます。

オムニセクシュアル（omnisexual）とも言います。

パンセクシュアルとは、恋愛において性別がまったく意味をもたないということであり、性別にとらわれない、開かれた性のありようと言えます。

まだあまり認知されておらず、LGBTの運動のなかではバイセクシュアルに分類される場合がほとんどです。

ピンク (pink)

ピンク（ラベンダー色）は、世界的に同性愛者のシンボルとして用いられています。

ナチスのホロコースト政策で強制収容所に入れられた者が胸に着けさせられていた逆三角形の識別胸章のうち、同性愛者を表したのがラベンダー・ピンクでした（1万とも60万人とも言われる同性愛者が、収容所内で組織的に虐殺されました→『BENT』という小説および映画に描かれています）。戦後のゲイ解放運動のなかで、この悲劇を忘れないようにという祈りを込めて、同性愛者のシンボルとしてピンク・トライアングルが用いられるようになりました。

パレードなどのプライドイベントで、レインボーカラーとともに、ピンクを身に着けた人が多いのは、そういう意味なのです。

プライドマンス／プライド月間 (pride month)

ストーンウォール事件が起こったのが6月末だったことから、毎年6月最終日曜日にパレードが開催されるようになりました。

そこで、この週末をプライドウィーク、6月をプライドマンス（プライド月間）と呼ぶようになったのです。

プライド月間には、ニューヨークのエンパイアステートビルがゲイのシンボル色であるラベンダー・ピンクにライトアップされます。また、オバマ大統領は毎年、LGBTのための祝辞を発表してきました。また、Googleが特別にレインボーのロゴを用意したり（クリックするとLGBTという項目に飛ぶ）、さまざまな企業がプライドマンスを祝うアトラクションを行ったり、プライドパレードに参加したりするようになってきています。

ホモセクシュアル (homosexual)

学術系の文献、新聞、公的文書などでは、性的指向が同性に向く（同性を好きになる）人たちのことを「同性愛者」（Homosexualの訳語）と呼ぶ傾向にありますが、「同性愛者」「ホモセクシュアル」という言葉には、医学的・学術的な響きがあり、欧米の当事者も日本の当事者も「同性愛者」よりは「ゲイ」または「レズビアン」と自称することを好みます。

ら行

Living Together（リビング・トゥギャザー）

最近まで世間で「エイズ撲滅」という言葉が頻繁に用いられていたように、HIV／エイズにはどこか「かかったらおしまい」といったイメージがつきまとっており、HIV予防啓発にもそのような意味合いの標語が数多く見られました。

しかし、恐怖心を植え付けるだけでは予防は決して成功しない（検査に行く人も決して増えない）という海外の研究結果もあり、HIV陽性者が数多く暮らしているゲイコミュニティのなかで、もっとHIV陽性者への共感を示しながら予防啓発のメッセージを打ち出すことはできないか、ということで、2004年頃から「ぷれいす東京」と「Rainbow Ring」が共同で生み出したのが「Living Together」というプロジェクトです。

「Living Together」の手法は、（まだまだ偏見が根強いため）顔出しで語ることの難しいHIV陽性者に代わり、彼らが書いた手記を集め、その友人たちが代わりに手記を朗読するというもの。陽性者のリアルな体験や思いを聞くことで、HIV陽性者が身近にたくさんいること、決して他人事ではないということを感じてもらい、同時に陽性者への共感を導き、ひいては予防にもつながるような、素晴らしい発明でした。

二丁目のクラブで手記リーディングのイベント「Living Together Lounge」が定期的に開催されるようになり、やがてTOKYO FM主催で有名人が陽性者の手記を朗読するイベントなども行われるようになり、第20回日本エイズ学会のテーマが「Living Together」になり、Yahoo!の世界エイズデー特集でも取り上げられ……といったように、二丁目発の「Living Together」は今や、世間にも広がりを見せています。「Living Together」は今後、HIV予防啓発のグローバルスタンダードにもなりうる、とも言われています。

レインボー・フラッグ (rainbow flag)

セクシュアルマイノリティのシンボルとしてのレインボー・カラーは、通常の7色ではなく（実は虹が何色かは民族によって異なるそうですが）、赤、オレンジ、黄、緑、青、紫の6色です。

なぜレインボーになったのかというと、ストーンウォール事件のきっかけとなったジュディ・ガーランドの代表作『オズの魔法使い』の有名な歌に「オーバー・ザ・レインボー（虹の彼方に）」があり（今でも世界中のパレードでこの歌が歌われたり、BGMになっていたりします）、ゲイとレインボーが結びついたこと、また、ストーンウォールの頃のヒッピー（LGBTも多数いました）が反戦デモで虹の旗を掲げていたことも関係があると言われています。

では、セクシュアルマイノリティのシン

ボルとしてのレインボー・カラーがなぜ6色なのかというと、こちらは諸説ありますが、最も有力なのは、以下のような話です。本文p67でもお伝えしたように、1978年にハーヴェイ・ミルクがサンフランシスコ市政執行委員に当選し、パレードをより盛大なものにしてコミュニティのパワーを示すために、レインボー・カラーが採用されたというものです。デザインを担当したギルバート・ベイカーは当初、ピンク、赤、オレンジ、黄、緑、青、藍、紫の8色による大きなレインボーの柄を考えていたのですが、この8色のレインボー柄の旗をつくろうという段になったとき、サンフランシスコの旗屋ではベイカーのデザインしたような美しいピンク色はつくれない(染められない)ということがわかりました。そこでベイカーは、潔くピンクを外すことにしました。そして、もう1つ問題が起こりました。巨大なレインボーのフラッグを持って行進するとき、奇数の7色だとどうも具合が悪い、3色ずつにして道の両端を歩けたら……ということでした。そこで今度は、青に近い藍色が外され、今のような6色のレインボーとなったというのです。

映画『ミルク』でも描かれていますが、1978年の「ゲイ・フリーダムデイ・パレード」で、初めてレインボー・フラッグがお披露目され、以降、世界中でこの旗がパレードを彩ることになったのでした。

レズビアン (lesbian)
➡本文p25参照。

レッドリボン (red ribbon)
「"レッドリボン(赤いリボン)"は、古くからヨーロッパに伝承される風習のひとつで、もともと病気や事故で人生を全うできなかった人々への追悼の気持ちを表すものでした。

この"レッドリボン"がエイズのために使われ始めたのは、アメリカでエイズが社会的な問題となってきた1990年頃のことです。このころ、演劇や音楽などで活動するニューヨークのアーティストたちにもエイズが広がり、エイズで死亡する人々が増えていきました。そうした仲間たちに対する追悼の気持ちとエイズに苦しむ人々への理解と支援の意思を示すため、"赤いリボン"をシンボルにした運動がはじまりました。

この運動は、その考えに共感した人々によって国境を越えた世界的な運動として発展し、UNAIDS(国連合同エイズ計画)のシンボルマークにも採用されています。

レッドリボンは、あなたがエイズに関して偏見をもっていない、エイズと共に生きる人々を差別しないというメッセージです。」
(出典:エイズ予防財団公式サイトより引用)

わ行

ワークプレイス・イクオリティ (workplace equality)
もともとは職場での男女平等(機会均等)の達成を指していましたが、現在はLGBTの従業員やステークホルダーについての平等を指すことが多くなっています。

HRCのコーポレート・イクオリティ・インデックスと同様、アメリカの投資会社Denver Investmentsやイギリスの人権団体「Stonewall」などがワークプレイス・イクオリティ・インデックス(企業がLGBTをどれだけ平等に扱っているかを示す指標)を作成しています。

あとがき

　私（村木）は、2012年から職場とLGBTの問題にフォーカスして活動していますが、企業の人事やダイバーシティの担当者の方から、「LGBTの入門書として何かオススメはありますか？」と尋ねられた時に、なかなか推薦できる書籍がありませんでした。LGBTの入門書はたくさんありますが、セクシュアリティ関連の学術書か当事者の体験談、もしくは、若者や教育関係者向けに書かれたものが多く、企業の取り組みを中心にしたものがなかったからです。
　本書が、おそらく日本で初めての、「ビジネス書・人事」の棚に置かれるLGBTの本になると思います。この本が、「実用書」として多くの方に読まれ、日本の職場をLGBTが働きやすい場所に変えるきっかけになればと願います。
　実は、本書の企画は、2012年からあたためていたものです。さまざまな企業の方とお話するなかで、職場とLGBTに関する基礎知識と取り組みの実例を紹介する本が必要だと気づき、出版社向けの企画書を何本も書きました。しかし、当初はボツが続きます。「ただでさえ出版不況なのに、少数者に関する本では部数が見込めない」「日本企業の事例が少ない」「まだ日本では早い」といった理由でした。
　しかし、あっという間に時代が追いついてきました。
　2013年にはアメリカの同性婚禁止を違憲とする最高裁判決、イギリスやフランスでの同性婚法の成立が日本のメディアでも大きく報じられました。
　2014年には男女雇用機会均等法のセクハラ指針の改正があり、これが多くの日本企業の取り組みの契機になりました。
　本書にもあるように、2013年と2014年にはソニーとパナソニックで「work with pride」が開催され、年々参加者が増えていきました。それは、外資系企業だけではなく、日本企業での取り組み事例が増えてきたということでもあります。
　2013年9月には大阪市淀川区が「淀川区LGBT支援宣言」を発表し、行政

の取り組みも注目されるようになりました。企業向けの勉強会等を請け負う私たち、虹色ダイバーシティの講演数は2014年には100件を超える状況になりました。新聞やインターネットメディアでは、毎日のようにLGBTについて報じる記事が出ています。テレビも、NHKの教育番組だけでなく、民放のニュースやバラエティ番組でも、真摯な姿勢でLGBTを取り上げる番組が増えてきました。

　2014年春、そんな怒涛のタイミングで本書の制作が決まりました。執筆しながらも次々に新しいニュースが入り、原稿を付け足しながらの作業でした。執筆した3人はそれぞれスケジュールが詰まっており、当初の予定より原稿が半年ほど遅れてしまい、実務教育出版のみなさまには大変ご迷惑をおかけしました。編集の方に「早く出したいです」と急かされながら、少し前には「日本ではまだ早い」と（別の出版社の方に）言われていたのに、と不思議な気持ちでした。

　この本は、時代の流れにトコロテンのように押し出されて出来上がった、そんな感覚をもっています。最新の情報もできるだけ入れながら、LGBTに関する普遍的な考え方もしっかりおさえた本ができたと自負しているのですが、いかがでしょうか？　お読みいただいた方は、是非、ご感想を編集部にお送りいただければと思います。

　本書の執筆にあたり、さまざまな方にご協力いただきました。この場をお借りして、御礼申し上げます。

　特に、「work with pride」を立ち上げた日本IBM梅田惠様、国際NGOヒューマン・ライツ・ウォッチ土井香苗様には、日本の職場でLGBT施策を語る大きな契機をつくってくださった功労者として、心から感謝したいと思います。お2人のお声がけで「work with pride」に加わった認定NPO法人グッド・エイジング・エールズ松中権様はじめスタッフのみなさまは、当事者の視点から当該イベントに強いメッセージ性を加えてくださいました。また、2年目以降の運営にご尽力いただいたソニー成毛雅行様、パナソニック有川倫子様は、日本企業でLGBT施策を広げるにあたり、非常に大きな貢献をし

てくださいました。この「work with pride」の成功なしには、この本は実現しなかったと思います。

　口絵の「同性愛に関する権利の地図」は、ILGA（International Lesbian, Gay, bisexual, trans and intersex Association）作成のマップを、山下梓様に日本語に翻訳いただいたものです。ありがとうございました。

　第2章でご紹介したデータは、国際基督教大学ジェンダー研究センターのみなさまとの共同研究によるものです。このデータは国際的にも非常に貴重なものであり、データがあることで当事者の状況をより深く理解できるようになりました。ご協力、いつも本当にありがとうございます。

　第4章で、自社の事例の掲載を快く承諾していただいた、日本IBM、ゴールドマン・サックス証券、野村證券、ソニー、大阪ガス、ラッシュジャパン、テイクアンドギヴ・ニーズ、Gap、Diverse、ホテルグランヴィア京都の関係者のみなさま（掲載順）、本当にありがとうございました。行政としては、大阪市淀川区、東京都中野区、渋谷区のみなさまにご協力いただきました。ここまでの苦労話も含めて、具体的なお話をいただいたことで、ほかの職場でも取り組みが進めやすくなるのではないかと思います。

　全体の企画、校正をお手伝いいただいた杉山大輔様、有川倫子様、溝口哲也様、資料提供いただきました菅原絵美様、ILGA、山下梓様、素敵なコラムをお寄せいただいた杉山文野様、東小雪様、増原裕子様、イラストをご提供いただいたSUV様、ともさくら様、そして認定NPO法人グッド・エイジング・エールズのワークチームの社員の有志のみなさま（川村安紗子、山脇誠大、渡辺勇教、神戸良行）、NPO法人虹色ダイバーシティの会員、スタッフのみなさま。みなさまのサポートにより、この本がより彩り豊かなものとなりました。深く感謝したいと思います。

　この企画の取りまとめをしていただいた新灯印刷の後尾和男様、忍耐強く原稿を待っていただいた実務教育出版の瀬﨑浩志様にも心から感謝したいと思います。お2人の強力な後押しなしには完成までこぎつけなかったかもしれません。本書のように、今までに実績のないジャンルの本をつくるのは、

大変勇気のいる決断だったと思います。

　共著者である柳沢正和さん、後藤純一さん、お２人と仕事ができたことを誇りに思います。柳沢さんは本業もお忙しいなか、複数のボランティア活動をしながら、執筆や各所への連絡・調整を行ってくださいました。本書が、当事者の立場、会社の立場、どちらから読んでも説得力のあるものになっているとすれば、それは柳沢さんの卓越したバランス感覚のおかげです。

　また、後藤さんは、これまでの20年を超えるLGBTコミュニティとの深いつながりから、カルチャーから当事者運動まで造詣が深く、本書の幅を大きく広げてくださいました。ご自身がゲイでありながら、レズビアン、バイセクシュアル、トランスジェンダー等、ほかのセクシュアリティの問題やほかのマイノリティ問題にも精通している方というのは、実は非常に稀だと思います。この本をつくるには、望む限り最高のチームでした。ありがとうございました。

　最後に、本書に興味をもち、手にとってくださったすべての方に、心より感謝します。

　今、職場でつらい思いをしているかもしれないLGBT等の性的マイノリティ当事者、その周囲のアライの方が、本書を読んで少しでも働きやすい職場への「希望」をもっていただければ、こんなに嬉しいことはありません。何か変わるかもしれない、変えられるかもしれない、そうした「希望」をもつ人が増えたら、きっと職場は変わるはずだと信じます。

　LGBTが働きやすい職場をつくることが、LGBTだけでなく、「みんな」にとって働きやすい職場づくりにつながる、そうした思いで、本書をそれぞれの職場での実践に活かしていただきたいと思います。

　　2015年7月

　　　　　　　　　　　　特定非営利活動法人虹色ダイバーシティ　村木真紀

【主な参考文献】

『プライベート・ゲイ・ライフ』伏見憲明：著（学陽書房）

『同性愛と異性愛』風間孝、河口和也：著（岩波書店）

『NHK「ハートをつなごう」LGBT BOOK』
　石田衣良、ソニン、杉山文野、茂木健一郎、リリー・フランキー他：著（太田出版）

『クィア・サイエンス—同性愛をめぐる科学言説の変遷』
　サイモン・ルベイ：著、伏見憲明：監修、玉野真路、岡田太郎：訳（勁草書房）

「ヘテロセクシズムの系譜学——「性愛の術」と「性の科学」をめぐる比較文化論的考察——」
　野田恵子（『文明』No.17　東海大学）

『ホモセクシャルの世界史』海野弘：著（文藝春秋）

『古代ギリシアの同性愛　新版』
　K.J.ドーヴァー：著、中務哲郎、下田立行：訳（青土社）

『同性愛と生存の美学』ミシェル・フーコー：著、増田一夫：訳（哲学書房）

『ウッドストックがやってくる』
　トム・モンテ、エリオット・タイバー：著、矢口誠：訳（河出書房新社）

『男色の日本史——なぜ世界有数の同性愛文化が栄えたのか』
　ゲイリー・P・リューブ：著、藤田真利子：訳、松原國師：解説（作品社）

『武士道とエロス』氏家幹人：著（講談社）

柳沢正和（やなぎさわ　まさかず）

1977年東京都生まれ。慶應義塾大学総合政策学部卒業。金融機関勤務。LGBTが素敵に歳を重ねていける社会づくりを応援する認定NPO法人グッド・エイジング・エールズ理事。学校法人インターナショナル・スクール・オブ・アジア軽井沢（ISAK）理事、国際NGOヒューマン・ライツ・ウォッチ東京委員も務める。東洋経済オンラインで「LGBT最前線」を連載。

村木真紀（むらき　まき）

1974年茨城県生まれ。京都大学総合人間学部卒業。特定非営利活動法人虹色ダイバーシティ代表。日系大手製造業、外資系コンサルティング会社等を経て現職。LGBT当事者としての実感とコンサルタントとしての経験を活かして、LGBTと職場に関する調査、講演活動等を行っている。大手企業、行政等で講演実績多数。

後藤純一（ごとう　じゅんいち）

1969年青森県生まれ。京都大学文学部卒業。All About［セクシュアルマイノリティ・同性愛］のガイドを務めるゲイ・ライター。金融系システム開発、ゲイ雑誌編集者などを経て現職。東京のレインボーパレードの実行委員やHIV予防啓発、尾辻かな子選挙広報などのコミュニティ活動にも携わってきた。

職場のLGBT読本

2015年8月5日　初版第1刷発行
2019年10月10日　初版第4刷発行

著　者　柳沢正和・村木真紀・後藤純一
発行者　小山隆之
発行所　株式会社　実務教育出版
　　　　163-8671　東京都新宿区新宿1-1-12
　　　　電話　03-3355-1812（編集）　03-3355-1951（販売）
　　　　振替　00160-0-78270

印刷／新灯印刷株式会社　　製本／東京美術紙工

Ⓒ Masakazu Yanagisawa, Maki Muraki, Junichi Goto 2015　　Printed in Japan
ISBN978-4-7889-1094-2　C0034
本書の無断転載・無断複製（コピー）を禁じます。
乱丁・落丁本は本社にてお取り替えいたします。